EMPRENDIMIENTO
para MUJERES
Estrategias para lograr tus sueños en
CORTO TIEMPO

Alexandra A. Ovalles Félix

Agradecimiento

Agradezco al Todopoderoso, por darme la oportunidad de emprender este proyecto que venía trabajando por mucho tiempo.

A mi hijo Pablo A. Pujols Ovalles, porque desde el momento en que le compartí mi deseo de escribir un libro se llenó de alegría y regocijo. Sus palabras alentadoras y positivas me motivaron a acelerar la decisión de continuar con el proyecto y culminarlo.

Gracias a mi compañero de vida, Nelson A. Hernández Basilio, por estar a mi lado siempre, apoyando mis iniciativas. Agradezco por su paciencia y colaboración en este proyecto.

Deseo expresar mi agradecimiento a una persona por su alentador compromiso con este libro, alguien que sabía lo importante que era para mí lograrlo y me motivó e impulsó a iniciarlo y dio seguimiento hasta verlo materializado, Dilcia Guzmán.

Muy agradecida de dos mujeres, Nicauri S. Mojica Sepúlveda y Katerine Hernández G., que desde sus espacios y lugares siempre han estado cerca de mí, preocupadas por mis avances y bienestar; orientándome sobre cómo cuidarme y estar mejor cada día.

A Miriamny Pérez, quien me colaboró significativamente en la redacción, descifrando cada palabra, oración y párrafo para encontrar el verdadero significado de mi pensamiento y plasmarlo con la mejor técnica.

Agradezco también a cada persona que creyó en este libro antes de que fuera realidad, por su cariño y apoyo. Mil gracias.

Y también agradezco a la Escuela de Autores por el arduo trabajo que implementaron para llevar a cabo este proyecto.

Alexandra A. Ovalles Félix

DEDICATORIA

Dedico este libro a cada mujer ejemplar, valiosa y emprendedora que no le teme a nada ni a nadie, que es capaz de luchar por sus sueños sin desmayar y sin importarle el precio ni los obstáculos a superar.

A esas mujeres positivas quienes, aún con el alma rota, el corazón destrozado y la esperanza comprometida nunca pierden su bella sonrisa ni se rinden jamás.

A cada mujer que está decidida a cumplir el sueño que lleva dentro por mucho tiempo y hoy tiene la oportunidad de emprender ese proyecto.

A esas mujeres perseverantes con sus sueños que son capaces de dejar de dormir muchas noches para alcanzarlos.

A esas mujeres dignas de elogio y admiración que se levantan con la esperanza de ser alguien mejor cada día e incansablemente luchan hasta lograr sus objetivos.

A esas guerreras que siempre tienen un motivo para seguir adelante dándolo todo por su familia, incluso olvidándose de ellas mismas, e inventando la forma de sustentar el diario, ya que en su gran mayoría son padre y madre a la vez.

Alexandra A. Ovalles Félix

A esas que guardan la esperanza de un mañana mejor, que nunca desmayan y saben quitar las espinas para convertirlas en caminos llenos de rosas.

Dedico este libro a una guerrera incansable, una heroína, una mujer que supo ser el ejemplo de una gran familia, la cual se entregó por completo sin esperar nada a cambio, aquella que luchó por alcanzar un sueño que nunca llegó.

Va dedicado a la memoria de esa gran dama, María Félix.

Dedicatoria especial también a todas las féminas de la familia.

Madre, hermanas, sobrinas, nuera, suegra, primas, cuñadas y amigas.

Mis más atento respeto y admiración para cada una de esas damas admirables.

PROLOGO

A través de un maravilloso recorrido de siete capítulos, la autora, una mujer incansable y gran emprendedora, Alexandra Ovalles, nos brinda un enriquecedor contenido, el cual, con toda claridad, relata y explica aspectos de la vida y cómo emprender siendo mujer. También aborda los obstáculos que enfrentamos y derribamos, no precisamente pequeñas piedras, sino retos significativos.

Alexandra, como emprendedora, ha tenido que sortear obstáculos y superar dificultades, como quien aparta zarzas de su camino y riega trigo. A través de esta pieza de investigación y testimonios, nos muestra que las mujeres SÍ podemos, y que tenemos todas las capacidades para emprender cualquier tipo de negocio o empresa que deseemos.

Cada frase de este texto demuestra cómo una mujer emprendedora sabe eludir dificultades, saltar cuerdas o cercas, y si cae, se levanta rápidamente, como alguien que se repone ante la mirada de otros tras una caída, sin importar si ha sufrido algún golpe. Esta fortaleza se refleja en cada testimonio que la autora nos presenta

en esta obra. Los desafíos y las caídas debido a debilidades se convierten en oportunidades para convertirlas en fortalezas. La autora deja muy claro este importante mensaje en su trabajo.

El emprendimiento para mujeres supone poner en práctica un conjunto de estrategias, que permiten materializar nuestros sueños en el menor tiempo posible. Es relevante destacar que estas estrategias podrían estar directamente vinculadas al combate de las desigualdades de género existentes. Las mujeres emprendedoras con ideas progresistas y libres podrían enfrentar resistencias, ya sea de manera sutil, o frontal. Pero siempre tenemos el potencial, la determinación para vencer y emprender lo que deseemos. Para superar esos desafíos y barreras comunes que enfrentamos, es fundamental mantener una mentalidad emprendedora, que vaya mucho más allá de nuestras propias limitaciones autoimpuestas.

Los testimonios que encontramos aquí son de mujeres que han tenido que luchar arduamente para alcanzar el éxito en sus emprendimientos. Cada uno de ellos merece ser leído y meditado, ya que estas mujeres surgen de la fragilidad que el sistema les ha impuesto. Sin embargo, con esfuerzo y dedicación, han logrado cambiar las reglas del juego. Su perseverancia y valentía las han inmortalizado en la historia, y su legado perdurará. Aunque el patriarcado aún persiste en nuestra sociedad, con personas que insisten en que emprender es cosa de hombres y que la mujer solo debe ocuparse de las labores domésticas, cada vez más se reconoce y valora la capacidad de la mujer para emprender, y su valiosa contribución al bienestar de la familia y la comunidad, siempre siendo su mayor interés.

Alexandra nos invita a experimentar la transformación que logramos en nuestras vidas, cuando emprendemos y alcanzamos estabilidad financiera, sin descuidar lo personal. Es natural sentir miedos, pero la verdadera valentía radica en nuestra determinación para enfrentarlos. Además, es esencial considerar aspectos legales y financieros para asegurarnos de que nuestros negocios estén en sintonía con las reglas establecidas en nuestra nación, tanto territorial, como jurídicamente organizada.

Alexandra A. Ovalles Félix

Al leer este trabajo de la autora, podemos comprender de manera clara y precisa que, a pesar de los miedos, emprender es una cualidad de VALIENTES.

No tengas miedo al fracaso. Ten miedo de no intentarlo.

Roy T. Bennett.

No es sobre las ideas, sino sobre hacer que estas se vuelvan realidad.

Scott Belsky.

Mira de cerca al presente que estás construyendo, porque debe parecerse al futuro con el que sueñas.

Alice Walker

Silvia García Polanco

Diputada, Presidenta Comisión de la Mujer, Niñez, Juventud y Familia del PARLACEN por el Estado de República Dominicana.

Alexandra A. Ovalles Félix

ÍNDICE

INTRODUCCIÓN 15

El Desafío del Emprendimiento Femenino 15

BIENVENIDA AL LIBRO: 17

"Emprendimiento para mujeres. Estrategias para lograr tus sueños en corto tiempo" 17

CAPÍTULO I 21

Mujer emprendedora 21

A. Importancia y beneficios de emprender como mujer .. 31

B. Barreras y desafíos comunes para emprendedoras 33

CAPÍTULO II 47

Desarrolla una mentalidad emprendedora 47

Planificación estratégica 50

Contribución de una red de apoyo 51

Marketing y branding personal 52

Finanzas y gestión del presupuesto 54

Innovación y adaptabilidad 55

CAPÍTULO III 57

Escalabilidad y expansión de negocio 57

A. Estrategias para hacer crecer tu empresa de manera rápida y eficiente 57

B. Consideraciones legales y financieras en la expansión . 58

CAPÍTULO IV 61

¿Cómo se transforma nuestra vida cuando logramos libertad financiera? 61

A. Principios para lograr una excelente venta 64

B. Emprender un negocio es de valientes 67

CAPÍTULO V 69

¿Qué me falta para llegar donde quiero? 69

CAPÍTULO VI 75

Que tu determinación sea más grande que tus miedos 75

A. Factores a tener en cuenta para iniciar tu negocio por primera vez 77

B. La importancia de creer en ti y en lo que haces........... 82

CAPÍTULO VII 85

¿Cómo lograr nuestros sueños en corto tiempo? 85

TESTIMONIOS DE MUJERES EMPRENDEDORAS 91

Historia de Carmen P. 91

Historia de Iris Altagracia 94

Historia de Emily Johnson 96

Historia de Altagracia Félix 100

Historia de María García 103

Historia de Marta López 106

Historia de Patricia Gómez 110

Historia de Laura Torres 114

FRASES MOTIVADORAS 119

CONCLUSIÓN 129

Recomendaciones 131

BIOGRAFÍA 133

INTRODUCCIÓN

El Desafío del Emprendimiento Femenino

El emprendimiento ha experimentado un crecimiento significativo en los últimos años. En este contexto, el rol de las mujeres como emprendedoras ha tomado un lugar destacado. Cada vez más mujeres en todo el mundo están aprovechando su talento, creatividad y determinación para iniciar y dirigir sus propios negocios.

El camino hacia el éxito empresarial para las mujeres puede ser diferente y estar lleno de desafíos particulares. Sin embargo, esta tendencia refleja el poder y el potencial que poseen como agentes de cambio y progreso en la sociedad. En este libro nos centraremos en proporcionar estrategias y herramientas específicas, para ayudarlas a superar esos desafíos y alcanzar sus metas en un corto periodo de tiempo.

Reconocemos el espíritu emprendedor único que caracteriza a cada mujer y su capacidad para transformar estas dificultades en oportunidades, como también, que las mujeres enfrentan obstáculos adicionales como barreras culturales, desigualdad de género y estereotipos en la sociedad.

En estas páginas exploraremos los elementos claves del emprendimiento femenino, desde la construcción de una red de apoyo sólida, la identificación de oportunidades de negocio y la implementación de estrategias efectivas de marketing y gestión financiera. También abordaremos temas como la superación del miedo al fracaso, el desarrollo de una mentalidad emprendedora y la capacidad de adaptación en un entorno empresarial en constante cambio.

El emprendimiento no es solo una vía para el logro personal y profesional, sino que además es una oportunidad para el desarrollo económico y social.

Al fomentar el emprendimiento femenino, no solo fortalecemos a las mujeres individualmente. También creamos un impacto positivo en nuestra comunidad y en el mundo en general.

Nuestro objetivo es empoderar a las emprendedoras, brindándoles conocimientos prácticos y consejos concretos que les permitan acelerar su camino hacia el éxito empresarial. Juntas, exploraremos las herramientas necesarias para superar los obstáculos, fomentar la confianza y alcanzar metas ambiciosas. Prepárate para embarcarte en un emocionante viaje de emprendimiento femenino y descubrir la clave para lograr tus sueños en tiempo récord.

BIENVENIDA AL LIBRO:

"Emprendimiento para mujeres. Estrategias para lograr tus sueños en corto tiempo"

¡Querida lectora!

Es un honor darte la bienvenida a este libro dedicado a todas las mujeres que desean convertir sus sueños en realidad. Aquí encontrarás una guía completa y motivadora que te ayudará a superar las barreras y desafíos que enfrentas como emprendedora, y te proporcionará las herramientas necesarias para desarrollar esa mentalidad innovadora, hacer crecer tu negocio, alcanzar tu libertad financiera y lograr tus metas.

El propósito de esta obra es empoderarte y motivarte a tomar acción. Reconocemos la importancia y los beneficios únicos de emprender como mujer, y queremos brindarte la inspiración y el conocimiento necesarios para triunfar en el mundo empresarial. A lo largo de sus páginas, descubrirás estrategias prácticas, consejos valiosos y testimonios reales de mujeres emprendedoras que han alcanzado el éxito para que te sientas inspirada y confiada en tu capacidad para lograrlo también.

En cada capítulo abordaremos temas fundamentales para tu crecimiento como emprendedora. En el primero, exploraremos la importancia y los beneficios de emprender como mujer, destacando las fortalezas y habilidades únicas que posees. También analizaremos las barreras y desafíos comunes que se enfrentan y te proporcionaremos estrategias para superarlos y seguir adelante para convertirte en una emprendedora exitosa.

Deseamos que con nuestros aportes te sientas empoderada y motivada para dar el primer paso hacia tus sueños. Creemos en tu capacidad para lograr grandes proyectos y queremos ayudarte a desarrollar la mentalidad emprendedora necesaria para alcanzar el éxito en cualquier área que elijas.

En los capítulos restantes, exploraremos diferentes aspectos del emprendimiento, desde la identificación de oportunidades hasta la creación de un plan de acción efectivo. Aprenderás a superar el miedo al fracaso, a establecer metas claras y alcanzables, y a utilizar estrategias probadas para hacer crecer tu negocio. Asimismo, testimonios inspiradores de emprendedoras exitosas que han enfrentado desafíos similares a los tuyos y han logrado superarlos; estas historias te mostrarán que tú también puedes alcanzar el éxito sin importar tus circunstancias actuales.

Deseamos que **"EMPRENDIMIENTO PARA MUJERES. Estrategias para lograr tus sueños en corto tiempo"** se convierta en tu guía de confianza en el viaje del emprendimiento. Queremos empoderarte, brindarte el conocimiento necesario y motivarte a tomar acción. Estamos convencidos de que tienes el potencial para alcanzar el éxito empresarial y que este libro es una herramienta invaluable en tu camino para conquistar tus metas y sueños.

Prepárate para romper barreras y alcanzar el éxito como mujer emprendedora ¡Comencemos este emocionante viaje juntas!

Atentamente,

Alexandra A. Ovalles Félix

Alexandra A. Ovalles Félix

Alexandra A. Ovalles Félix

CAPÍTULO I

Mujer emprendedora

Una mujer emprendedora es aquella que tiene motivación, iniciativa y habilidad para crear, gestionar y desarrollar su propio negocio o proyecto empresarial. Una mujer emprendedora toma riesgos, busca oportunidades y trabaja arduamente para convertir sus ideas en realidad. La mujer que emprende se destaca por su capacidad para innovar, liderar y contribuir al desarrollo económico y social de su comunidad. Además, puede desempeñar un papel muy importante en la promoción de la igualdad de género en el mundo empresarial inspirando y rompiendo barreras o estereotipos.

Una mujer emprendedora no solo muestra habilidades empresariales, también tiene la determinación de superar obstáculos y enfrentar desafíos. Puede abarcar diversos ámbitos como el empresariado tradicional, el emprendimiento social, y el emprendimiento tecnológico, entre otros.

Una emprendedora es aquella mujer que identifica una oportunidad y que conociendo los riesgos de emprender tiene la acción de organizar los recursos necesarios para crear o fundar una empresa o negocio con la finalidad de aprovechar la ocasión.

Detrás de cada mujer valiosa hay una gran historia por contar; haz que la tuya tenga un final feliz a pesar de los momentos difíciles por los que hayas atravesado. Traza cada día una meta nueva a pesar de las adversidades y dificultades, y sin importar lo largo de la trayectoria. Tu positivismo y tu interés por crecer te darán las fuerzas necesarias para cumplir tus metas; utiliza todas las herramientas necesarias para demostrarte a ti misma lo capaz que eres de conseguir lo que deseas.

NUNCA TE RINDAS, SIEMPRE CORRE HASTA ALCANZAR TUS SUEÑOS.

¿Cómo identificar a una mujer emprendedora?

Es esa mujer que cuando la ves detectas en sus ojos la seguridad que lleva dentro. Cada mujer emprendedora es única, pero todas gozan de esa actitud positiva que irradian con su personalidad. Estas mujeres se esfuerzan por hacer la diferencia y generar un impacto positivo donde llegan.

Si realmente deseas convertirte en esa mujer emprendedora, nunca dejes a un lado tu pasión e interés por proyectarte en grande en lo que quieras incursionar. Una mujer emprendedora se caracteriza por su espíritu, por su capacidad para identificar oportunidades, por ser capaz de asumir riesgos y cada día crear algo nuevo.

Alimenta a diario esa máquina desarrolladora que llevas dentro, con esa mentalidad creativa de imaginar y estar en acción, siempre dispuesta a asumir riesgos porque de ahí emana la verdadera fuerza y fortaleza de caerse, pero volver a levantarse con más entusiasmo.

Una emprendedora no se conforma con las ideas, actúa y pone en marcha sus proyectos. Ella está abierta al aprendizaje constante y continuo porque nunca deja de reconocer sus debilidades y trabaja día a día arduamente para mejorar lo que emprende y así sacar su mayor provecho a cada uno de sus planes.

Una mujer emprendedora debe ser ambiciosa cuando se trata de llegar lejos. Cada emprendedora puede tener sus propias fortalezas y recursos únicos que se proponga en cada proyecto.

MUJER, NUNCA TE CONFORMES, NUNCA PARES HASTA QUE LO BUENO SEA MEJOR Y LO MEJOR EXCELENTE.

La voluntad de seguir el camino del emprendimiento nos mantiene con esa fuerza de incursionar en proyectos nuevos y adaptarnos a los tiempos actuales. Parte de ese aprendizaje es establecer límites y priorizar actividades; es esencial mantener la salud mental para transitar la ruta del éxito.

Eres una guerrera porque eres una mujer y lo que escojas hacer en la vida lo harás bien, por muy pequeños o grandes que sean tus proyectos siempre serán importantes porque son tuyos. Una mujer emprendedora jamás debe perder su pasión y visión clara de los negocios, pues es lo que la mantiene activa y le da poder.

En fin, una mujer emprendedora es la que muestra iniciativa, valentía y creatividad para establecer y dirigir su propio negocio, construyendo así al crecimiento y desarrollo tanto económico como personal.

No hay límites para soñar y alcanzar tu meta, tienes todo lo necesario para llegar donde quieras y alcanzar tus anhelos porque eres luchadora, creativa y perseverante. Tú, como emprendedora, debes emplear esas cualidades para obtener el éxito en tu trayectoria empresarial.

Mujer, no existe nadie más importante que tú, eres la protagonista de tus sueños y de tu destino. Explora, atrévete a realizar ese sueño que por mucho tiempo llevas dentro, deja atrás tus miedos, rompe tus límites, no olvides que eres el centro de tu vida y de tus acciones, ejemplo de muchas mujeres que te admiran.

DESCUBRE TU BELLEZA INTERNA CADA DÍA CUANDO TE LEVANTES Y TE VEAS AL ESPEJO.

Tú eres una mujer virtuosa y valiente, desnúdate ante ti misma, deja salir cada día esa imaginación que tienes dentro, sé apasionada. Mantente liberada de lo negativo, sé positiva en cada proyecto, siempre consciente de que no todo será tan maravilloso como lo imaginas.

Renueva cada día tu creatividad y vuelve tus sueños realidad. Esa es una oportunidad que no te debes negar para poder llegar donde quieras. Recuerda que solo tus deseos, tu capacidad de hacer las cosas y tus fortalezas te permitirán avanzar hasta obtener tus metas deseadas.

El tiempo viene y va, las oportunidades no. Aprovecha el tiempo al máximo, es lo más importante que tienes en tu vida, inviértelo en cosas productivas para dejar un legado significativo para el mañana, que todo el mundo se entere de que eres y fuiste una vencedora, una guerrera, una gran luchadora que peleó por sus sueños y venció.

No permitas que nadie se cruce en tu camino para romper esa energía positiva que transmites cada día a todo aquel que se te acerca. Sé maravillosa, da lo mejor de ti siempre. Comunica tus conocimientos para que otras personas puedan beneficiarse de ellos y de esa calidad humana que puedes irradiar. Esfuérzate por ser feliz, te mantendrá activa en tus proyectos y siempre darás de lo que tienes; recuerda que nadie da de lo que no posee.

JAMÁS TE RINDAS CUANDO EMPRENDAS UN CAMINO PORQUE ERES VALIENTE POR SER MUJER.

Todas las mujeres que hemos logrado emprender sabemos que no ha sido fácil y que nunca lo será, pero también, que no hay nada imposible cuando estamos decididas a transitar ese largo camino donde encontraremos piedras y espinas que seremos capaces de echar a un lado para seguir buscando el horizonte del éxito.

En ocasiones llevamos la fuerza dentro, otras veces nos impulsan nuestros familiares, pues para muchos somos un ejemplo que seguir. Por eso no debemos desmayar una vez hayamos emprendido el viaje al éxito, que es ver nuestros proyectos realizados sin importar lo que tengamos que afrontar y sabiendo que nunca debemos asumir que será fácil.

Emprender en la vida cuesta, es verdad, y más cuando nuestros emprendimientos han sido fallidos; sin embargo, la magia está en no desmayar ni dejarnos vencer por el miedo a fracasar de nuevo. De esas experiencias difíciles debemos aprender pues nos llevan a crecer en nuestras metas para poder lograr un objetivo positivo en la vida.

Siempre habrá una razón para seguir adelante dando lo mejor en cada entrega, avanzando hacia un futuro mejor, lleno de alegría, emociones, realidades y proyectos; esa misma razón nos hace despertar cada día llenas de entusiasmo para seguir agotando metas y para poder seguir aportando conocimientos a todos los que confían en nosotras. Esto es desafiante, pero no imposible.

ÁMATE COMO REALMENTE ERES, Y SUEÑA CON CADA COSA QUE REALMENTE ANHELES.

Existen valiosas estrategias que te pueden conducir a lograr en poco tiempo tu objetivo. Hay que aprender a priorizar las metas y las tareas que tenemos y enfocarnos en ellas al máximo, siempre dándole preferencia a las que serán de mayor impacto. Ten en cuenta las siguientes recomendaciones:

- Recuerda que los errores son oportunidades que se presentan para aprender a crecer.

- Identifica tus mejores habilidades y desarróllalas dedicándoles tiempo.

- Reúnete con personas que se relacionen con tus intereses o tengan experiencia en el área donde deseas emprender. Podrás trabajar en principio en equipo, así acelerarás tu aprendizaje y se te abrirán puertas a nuevas oportunidades. Aprovecha el poder de la colaboración.

Recuerda, el éxito requiere de mucho esfuerzo, constancia y tiempo, no se logra de la noche a la mañana. Siempre debemos ser persistentes, positivos y mantenernos motivados a seguir creciendo y aprendiendo en el área que hemos escogido con la convicción de que lo lograremos. Cada camino es único y existe un camino para cada mujer valiente; aprender de cada experiencia también es único cuando lo ponemos en práctica.

SI TIENES ACTITUD, POSEES HABILIDADES Y TE LO CREES, ENTONCES ERES UNA EMPRENDEDORA.

La vía que conduce al éxito está llena de flores y espinas, debes saber escoger el calzado adecuado para el recorrido que vas a transitar cada día. Algunos de esos trayectos serán más largos, pero con menos contratiempos, otros, más cortos pero llenos de obstáculos. Sin embargo, para lograr la meta se debe a perseverar a pesar de los obstáculos y aprender de cada nueva buena o mala experiencia. Emprender en el área que nos gusta, sin caer en la humillación, siempre será un gran reto, pero la satisfacción de conseguirlo es muy superior.

Si tienes habilidades que te permiten realizar acciones para que las personas se beneficien y lo haces muy bien, eso generará que otros vengan a ti. Ese es precisamente el emprendimiento, que brindes a la gente tus productos o servicios para el bienestar de quienes quieren construir y no derrochar.

Ahora, si tu ambición es solo el dinero, necesitas un trabajo que te genere un sueldo fijo, aunque eso no asegure tu empleo. Pero si lo que quieres es aprender a servir y ofrecer productos y/o servicios que ni siquiera los demás puedan imaginar, entonces tu lugar es el emprendimiento.

MUJER, DESPIERTA, LEVÁNTATE, ENFÓCATE EN TI Y SOLO MIRA HACIA ADELANTE.

Aprender a ser mujeres productivas por nuestro propio esfuerzo es garantía del futuro. Saber que somos capaces de convertir lo pequeño en un gran proyecto es fascinante. Nos llena de orgullo sentir y saber que no requerimos de otro para suplir nuestras necesidades; no depender de una segunda persona económica, sentimental y emocionalmente nos da seguridad, nos mantiene firmes y es garantía de estabilidad financiera.

"Estabilidad financiera", qué bonito se escucha y se escribe, pero mejor es tenerla y disfrutarla. Esa estabilidad se consigue con el arduo esfuerzo de enfrentarse a diario a una nueva estrategia para mantener a flote los proyectos sin importar la hora o el tiempo, siempre firmes trabajando, haciendo lo que sabemos en nuestra rama u oficio con intensidad y sin miedo al éxito.

SÉ ESTRICTA CONTIGO MISMA PARA QUE PUEDAS CONSEGUIR SALUD FINANCIERA.

A. Importancia y beneficios de emprender como mujer

El emprendimiento brinda a las mujeres la oportunidad de tomar las riendas de su propia vida profesional. Pueden tomar decisiones estratégicas, establecer su propio rumbo y tener control sobre su negocio, lo cual les otorga libertad y autonomía que resultan altamente gratificantes.

Realización personal

Emprender les permite a las mujeres perseguir sus pasiones y convertir sus ideas en realidad, superarse personalmente, dirigir e iniciar su propio negocio, trabajar en proyectos aliados con sus valores y que les apasionan para alcanzar sus objetivos personales, lo que les genera una sensación de realización personal y satisfacción.

Oportunidad de crecimiento y desarrollo

El emprendimiento proporciona un entorno propicio para el crecimiento y desarrollo personal. Las mujeres pueden adquirir nuevas habilidades que les permitan enfrentar los desafíos y superar obstáculos que se le presenten a nivel personal o profesional. Además, pueden aprender de otros emprendedores exitosos y tener oportunidad de mentorías y ampliación de su red de contactos. Así mismo, el emprendimiento genera un impacto positivo en sus vidas y en la sociedad en general al proporcionarles el alcance del logro deseado.

NO EXISTE NADIE MÁS IMPORTANTE QUE TÚ, ERES LA PROTAGONISTA DE TUS SUEÑOS Y DE TU DESTINO.

Conciliación entre vida personal y laboral

Muchas mujeres eligen emprender creando su propio negocio para lograr un equilibrio entre su vida personal y la profesional. Así pueden administrar su tiempo estableciendo horarios flexibles y adaptando su trabajo a sus responsabilidades personales y familiares, de esa forma pueden tener libertad para organizar su agenda de manera más efectiva y tener mayor control sobre su calidad de vida.

Contribución económica e impacto social

Las emprendedoras pueden tener un impacto significativo en la sociedad y en sus comunidades. Al crear empleo impulsan la economía, ofrecen soluciones innovadoras y contribuyen al desarrollo económico y social. A menudo se convierten en modelos a seguir para otras mujeres y pueden inspirar a futuras generaciones de emprendedoras.

Superación, desafíos y barreras

El emprendimiento femenino ofrece a las mujeres la oportunidad de superar retos relacionados con la desigualdad de género. Al convertirse en emprendedoras exitosas desafían estereotipos y demuestran al mundo de los negocios que ellas valen, facilitando así igualdad de acceso en el ambiente empresarial.

Por lo tanto, el emprendimiento para las mujeres no solo les proporciona una vía para el logro profesional y personal, también les brinda crecimiento, equilibrio, autonomía, realización, impacto social y la oportunidad de superar desafíos laborales y personales.

B. Barreras y desafíos comunes para emprendedoras

Las emprendedoras enfrentan desafíos y barreras únicas en comparación con sus contrapartes masculinos. Aquí te presento las más comunes:

- Desigualdad de género.
- Falta de modelo a seguir y redes de apoyo.
- Conciliación entre vida personal y laboral.

- Acceso limitado a financiamiento.
- Falta de confianza y autoduda.
- Desequilibrio en la representación.

Recomendaciones

Para neutralizar algunos de esos desafíos es importante trabajar intencionalmente en aspectos como:

- Reconocer y abordar estas barreras y desafíos para promover la igualdad de oportunidades en el emprendimiento.
- Ser consciente de que el emprendimiento implica enfrentar obstáculos y fracasar. La resiliencia te permitirá adaptarte, aprender de las dificultades y seguir adelante con determinación.
- Tener pasión y visión clara de lo que quieres lograr. La pasión por tu idea o proyecto es fundamental, te mantendrá motivada para superar los desafíos a lo largo del camino.
- Desarrollar liderazgo y habilidades, ya que es indispensable para dirigir tu negocio y guiar a tu equipo.
- Ejercitar la comunicación asertiva, el saber delegar, tomar decisiones y solucionar problemas.

- Aprender a administrar de manera efectiva los recursos, el tiempo y las finanzas.
- Establecer prioridades, metas claras y crear un plan estratégico para el crecimiento del negocio.
- Construir una red sólida de mentores y contactos en el campo que escojas para nutrirte continuamente de conocimientos, recibir asistencia, consejos y colaboraciones. El apoyo es de suma importancia.
- Investigar y comprender el mercado que te interesa. Te ayudará a crear productos o servicios que sean competitivos y relevantes.
- Aprender sobre las tendencias, necesidades y demandas de los clientes.
- Mantener un programa de capacitación constante. Estar actualizada te permitirá a mejorar tus habilidades y conocimientos.

Cada emprendedora es única y puede requerir herramientas adicionales según su área de actividad o negocio. Esas herramientas te pueden ayudar a desarrollar una base sólida para convertirte en una mujer exitosa.

NUNCA TENGAS MIEDO DE RENUNCIAR A LO MEJOR, SI LO MÁS INTERESANTE ESTÁ POR LLEGAR

Alexandra A. Ovalles Félix

Identificación de oportunidades de negocios para emprendedoras

La identificación de negocios es un paso fundamental para las emprendedoras, vamos a desglosar más al respecto. Existe una amplia gama de negocios que una mujer podría emprender. Ahora bien, hay varios factores que influirán en su elección, dependerá de sus intereses, habilidades, experiencia y recursos disponibles.

Existen algunos negocios que se consideran más accesibles para iniciar. Podrías comenzar tu propio negocio con una tienda en línea; actualmente están muy de moda pues la pandemia del 2020 al recluirnos en las casas nos dejó enseñanzas muy valiosas como la creatividad y la innovación que aprendimos casi sin darnos cuenta.

Refiriéndonos a una tienda en línea, puede ser una excelente opción porque te permite llegar a un amplio mercado sin requerimiento de espacio físico. Podrías vender ropa, artesanías o productos hechos a mano; también servicios de bienestar y cuidado personal, los cuales no exigen tanto tiempo de preparación. Si eres una mujer activa, despierta y con habilidades, puedes aprender muy rápido.

Existen muchos recursos en línea gratuitos de los que podrías valerte para despertar ese potencial que llevas dentro y no estás aprovechando porque no le has dedicado tiempo. Una vez destines unas horas diarias te darás cuenta de que realmente eres capaz de hacerlo y ese podría ser el inicio de un gran negocio.

Otro negocio interesante del que puede partir un emprendimiento es el servicio de consultoría. Me refiero a cualquier experiencia que pudieras tener en un campo específico y ofrecerles a otras personas. Por ejemplo, consultoría en recursos humanos o en gestión de proyectos, entre otros.

El emprendimiento es un proceso de autodescubrimiento; identificar, descubrir tu pasión y planificar los pasos, podría ayudarte, así como reflexionar sobre tus intereses y las actividades que te entusiasman, te hacen sentir motivado y te brindan satisfacción; explorar actividades nuevas también es una buena opción. La experiencia directa te permitirá descubrir qué te resulta más gratificante y apasionante.

Presta atención a tus emociones. Experimentar entusiasmo, energía y alegría muestran la realidad. Identifica los momentos cuando te sientes realmente comprometido, demuestras tus fortalezas y talentos, haces las cosas bien y disfrutas al mismo tiempo. Busca en los elementos comunes indicios que te den idea sobre tus pasiones y áreas de enfoque.

Es de mucha utilidad tener conversaciones honestas sobre tus intereses y escuchar diferentes puntos de vista acerca de tus fortalezas y pasiones. Permítete explorar y seguir tu curiosidad, ya que esta te llevará a descubrir nuevas áreas y perspectivas que podrían despertar tu pasión.

TODO EMPIEZA POR LA ORGANIZACIÓN Y POR DEDICARLE EL TIEMPO A LO QUÉ HACES

En ocasiones nos mostramos capaces de crear proyectos para otras personas. Hay ideas que podemos imaginar y crear con la finalidad de que sea otro quien las desarrolle o las lleve a cabo; tú la creas, la desarrollas y un tercero le saca el provecho a tu trabajo. Hasta que no nos enfoquemos en nuestro propio "yo" no sabremos el potencial que llevamos dentro.

Suele suceder que pasamos el tiempo pegadas al computador o al teléfono mirando videos y otros entretenimientos de redes. Esta actividad puede convertirse en algo positivo si la enfocamos en adquirir conocimientos que nos direccionen a producir. Solo debes ejercitar tu creatividad y habilidades para especializarte en arte, diseño gráfico o diseños web que puedas ofrecer para uso personal o empresarial a quienes necesiten iniciarse en los medios digitales como lo estás haciendo tú ahora.

NO LE TENGAS MIEDO A PERDER TU EMPLEO, TEN MIEDO A TENER UNO

Para identificar oportunidades de emprendimiento vas a necesitar algunas estrategias tales como:

Analizar tus habilidades y tus pasiones. Reflejando sobre tus pasiones e intereses, considera qué actividades son más prometedoras y en qué áreas podrás destacar.

Observa las necesidades del mercado. Examina la demanda, explora áreas donde haya un público insatisfecho y ubica donde existen necesidades no atendidas.

Investiga a tu competencia. Averigua qué se está ofreciendo en el mercado, analiza a tus competidores, observa cómo lo están haciendo ellos y cómo lo puedes hacer tú de manera original y diferente. Comprométete a brindar un mejor servicio a tus clientes.

Escucha a tu audiencia. Interactúa con tus clientes de manera objetiva, escucha sus necesidades y deseos.

Mantente actualizada en tu área. Lee, asiste a conferencias, permanece atento a las últimas tendencias, avances tecnológicos y cambios en la industria.

Observa nichos del mercado. Enfócate en mercados específicos, identifica grupos, ofrece soluciones personalizadas.

ERES LO QUE HACES Y SERÁS LO QUE CONSTRUYAS, POR ESO HAZLO CON PASIÓN

Aquí te hemos presentado algunas ideas para comenzar, pero debes tener muy presente que lo más importante es saber elegir un negocio que entiendes, te apasiona, que puedas aplicar las habilidades que posees y te permita aprovechar al máximo tus fortalezas. Todos tenemos habilidades, debes descubrir cuál es tu mejor papel en cada una de ellas; con relación a tus fortalezas, cada uno las llevamos dentro y sabemos hasta dónde nos soporta y hasta dónde nos permite llegar.

No olvides que el éxito en cualquier negocio depende de diversos factores como la dedicación, la planificación y la promoción adecuada. Es importante escoger un negocio que se alinee con tus habilidades, recursos e intereses disponibles. Cualquier tipo de negocio que decidas elegir, debes dedicarle el mayor tiempo posible e involucrarte firmemente en él hasta verlo crecer, como antes he mencionado.

Es maravilloso descubrir qué es lo que realmente nos apasiona y luchar por ello. No importa con qué negocio emprendas en la vida, lo importante es con cuál terminarás, pues siempre lo llevarás a cabo con el deseo de hacerlo bien ya que te apasiona.

El comienzo nunca es fácil, pero el interés y el deseo de crecer y realizar nuestros sueños nos impulsa y nos da las fuerzas necesarias para poder lograrlo por muy duro que sea el camino que nos toque recorrer.

Cada día trae consigo su propio afán y nosotros vamos de la mano con él, pero lo que nos engrandece es hacer de cada día uno mejor y extraer fuerzas de donde no las hay para sacar adelante nuestros sueños con toda la energía de nuestro ser. Eso es lo que garantiza el resultado de una gran labor.

El trabajo en realidad no es bueno, lo bueno es el resultado que obtenemos de él. En principio todos los oficios son molestos y complejos, y no saber con cuál identificarte lo hace más difícil aún, pero cuando encuentras tu verdadera pasión se torna interesante puesto que lo realizas con empeño. En cualquier campo que ejerzas, hazlo siempre con entusiasmo y dedicación, pues solo así podrás disfrutar del resultado de este.

Puedes dedicarte a cualquier trabajo que te encamine a tus metas o simplemente tomar uno mientras encuentras aquel al cual te dedicarás de tiempo completo porque es el que te permitirá encontrar tu equilibrio entre el interés, la necesidad y la pasión.

Hay trabajos que debemos aceptar por la necesidad del momento, pero hay otros que tomamos por el interés de aprender el oficio o trabajo que siempre nos ha apasionado o hemos soñado, al que quisiéramos dedicarnos de tiempo completo porque nos hace felices y lo disfrutamos como si fuera un deporte o algo verdaderamente apasionante o interesante.

TU ESFUERZO POR LO QUE HACES PARA LOGRAR TUS SUEÑOS JAMÁS SERÁ EN VANO SI REALMENTE CREES EN TI

¿Cómo detectar ideas de emprendimiento rentables?

Hablaremos de cómo lograr nuestros sueños con esfuerzo propio, sin desmayar en el inicio de las ideas que nos surjan para emprender cada meta que nos propongamos y en cada iniciativa donde consideremos podemos ser originales o instintivos.

Ahora, ¿cómo tener ideas para innovar desde tu propio interior? Deseando dentro de ti todo lo que te inspire a seguir, a buscar y a encontrar tus verdaderas metas en la vida, teniendo la astucia de sacar provecho a cada situación que la vida te presente, tomando en cuenta que crees en lo que haces porque lo realizas para tu bienestar.

Es muy importante creer en lo que hacemos, eso nos da la fortaleza de hacerlo cada vez mejor. El esfuerzo diario por optimizar lo que hacemos nos dará seguridad. Por más difícil que se nos presente una situación no podemos desmayar pues es el empeño de nuestro propio trabajo.

No importa a qué te dediques, el trabajo u oficio que desempeñes debes hacerlo bien, pues el resultado será tu recompensa en el futuro. Nadie más que tú está interesado en triunfar y sacar adelante tu vida, quisiéramos que existieran personas interesadas en vernos triunfar, pero no es así, entonces no debes detenerte, recuerda que no todos creerán en ti y en tu capacidad e inteligencia.

LA MUJER QUE DEJA DE CREAR DEJA DE SOÑAR

Alexandra A. Ovalles Félix

Detectar ideas de emprendimiento rentables requiere de un análisis cuidadoso y de una valoración de diversos factores. Aquí citamos algunos que te pueden ayudar en el proceso:

- Identificar tus habilidades y pasiones.
- Buscar oportunidades que se alineen con tus fortalezas.
- Evaluar tus conocimientos, habilidades y pasiones.
- Considerar qué actividades disfrutas más y en qué áreas tienes experiencia o competencias destacadas.

También es muy importante realizar una serie de actividades como:

Investigación del mercado y las tendencias. Puedes lograrlo realizando un análisis exhaustivo del sector en el cual planeas ingresar.

Análisis de la competencia. Estudia a los competidores y evalúa cómo abordan las necesidades del mercado.

Viabilidad financiera. Realiza un análisis económico para evaluar la factibilidad de tu idea. Empieza por examinar los costos en los que piensas incurrir relativos a la materia prima del producto o requerimientos del servicio, así como los precios de venta, asegúrate de que el negocio tenga el potencial de generar ingresos suficientes para ser rentable.

Validación de la idea. Se logra buscando la opinión y la retroalimentación de personas relevantes en tu área o público objetivo.

Evaluación de aspectos legales y regulatorios. Antes de abrir tu negocio al público asegúrate de cumplir con todas las regularidades, licencias y requisitos legales pertinentes para tu idea de emprendimiento.

Recomendaciones

Para cerrar este capítulo te dejo unas consideraciones para que las analices ahora que te has identificado como una mujer emprendedora:

- Recuerda que la rentabilidad de una idea de emprendimiento depende de múltiples factores y podría variar según el área y el mercado en el que quieras incursionar.

- Siempre es importante la retroalimentación y estar abierto a adaptar tus ideas según sea necesario para maximizar tus posibilidades de éxito.

- La oportunidad perfecta no existe así que debes poner a funcionar tu negocio cuando se presente la opción. Cualquier momento puede ser oportuno si sabes lo que quieres y estás seguro de que si lo inicias lo llevarás a feliz término.

- Recuerda que la identificación de oportunidades de negocios requiere análisis, investigación y creatividad.

- Busca áreas donde puedas agregar valor y no temas explorar nuevas ideas.

- Mantén una mentalidad abierta, ya que este proceso es dinámico y requiere de medidas y ajustes en el avance.

RECUERDA QUE NO EXISTE NADIE COMO TÚ, ERES ÚNICA, INIGUALABLE E IRREPETIBLE.

CAPÍTULO II

Desarrolla una mentalidad emprendedora

Desarrollar una mentalidad emprendedora implica adoptar ciertas actitudes y enfoques de pensamientos que te permitan enfrentar los desafíos y aprovechar las oportunidades como emprendedora. Te daré algunos consejos para desarrollar este tipo de mentalidad:

Aceptar los riesgos y las incertidumbres. El emprendimiento implica asumir riesgos y enfrentar dificultades.

Cultivar la perseverancia y la pasión. Porque la pasión es un motor poderoso que impulsa a las emprendedoras a superar obstáculos y seguir adelante.

Adoptar mentalidad de aprendizaje. Porque el emprendimiento es un viaje de aprendizaje constante.

Fomentar la creatividad y la innovación. El emprendimiento requiere encontrar soluciones creativas y pensar de manera innovadora.

Desarrollar habilidades de resolución de problemas. Como emprendedora tendrás que enfrentar diversos desafíos y obstáculos. Aprende a abordar los problemas de manera proactiva y desarrolla habilidades sólidas de resolución de problemas.

Construir una red de apoyo. El emprendimiento puede ser un camino solitario, pero rodearte de una red de apoyo puede ser invaluable.

Mantener una mente positiva y flexible. Mantén una actitud positiva y enfócate en tus oportunidades más que en tus obstáculos.

A-Superando el miedo al fracaso y a la auto duda

Superar el miedo al fracaso y la auto duda es fundamental para avanzar como emprendedora. Estas actitudes te pueden ayudar:

Cambia tu perspectiva sobre el fracaso. En lugar de ver el fracaso como algo negativo, míralo como una oportunidad de aprendizaje.

Establece metas realistas. El establecimiento de metas realistas y alcanzables te ayudará a evitar la autoduda. Divide tus objetivos en pequeños y grandes. Mantén una mentalidad positiva.

Cultiva la confianza en ti misma. Reconoce tus logros pasados, destaca tus fortalezas y habilidades. Recuerda los desafíos que has superado con éxito.

Acepta la imperfección. Aprender a aceptar que cometes errores, así como enfrentar desafíos es parte del crecimiento y aprendizaje. No te exijas la perfección a cada instante.

Aprende a gestionar el miedo y la autoduda. Identifica tus miedos y desafíos específicos, y busca formas de abordarlos. Busca apoyo en mentores o en grupos.

Toma acción y enfrenta tus miedos. La manera efectiva de superar el miedo al fracaso y la autoduda es tomando acción.

LO MÁS BONITO EN LA VIDA ES SABER QUE HAS PODIDO CON TODO Y QUE PODRÁS SIEMPRE

B- Fomentando la confianza y la resiliencia

Recuerda que desarrollar una mentalidad emprendedora lleva tiempo y práctica, no te desanimes por los contratiempos y mantén una mentalidad en constante crecimiento.

Recomendaciones

- Rompe la inercia y avanza hacia tus metas.
- Cuando más te enfrentes a tus temores, más confianza ganarás en tu capacidad de superar obstáculos y tener éxito.
- Superar el miedo al fracaso y la autoduda es un proceso gradual y personal.

SE AMABLE CONTIGO MISMA, TOMA TIEMPO PARA CRECER Y APRENDER

Te quiero dar unas herramientas que son esenciales para fortalecer tu emprendimiento y por ende tu confianza y resiliencia.

Planificación estratégica

a- Establecimiento de metas claras y alcanzables. Debes establecer metas claras, concisas y alcanzables para lograr pronto tus objetivos.

b- Creación de un plan de negocio efectivo. El diseño de un plan efectivo es crucial para el éxito de cualquier emprendimiento. Debes tener en cuenta:

- Definir tu propuesta de valor.
- Desarrollar estrategias de marketing.

- Elaborar un plan financiero.
- Crear un plan de acción.

Ten en cuenta que un plan efectivo no es estático, debe adaptarse a medida que las circunstancias cambien.

Gestión del tiempo y establecimiento de prioridades

a- Técnicas de gestión del tiempo para maximizar la productividad. Cada persona es única, por lo cual es importante que encuentres las técnicas de gestión del tiempo que mejor funcionen para ti. La disciplina y la consistencia son clave para lograr una gestión efectiva del tiempo y aumentar tu productividad.

b- Identificación de las tareas más importantes y delegación eficiente. Al delegar de manera eficaz, podrás enfocarte en las tareas que requieren tu atención personal y aprovechar mejor tus recursos para impulsar el crecimiento y el éxito de tu emprendimiento.

Contribución de una red de apoyo

a- La importancia de una alianza en el emprendimiento. Trabajar con otros tiene un gran potencial para impulsar el crecimiento, fortalecer la capacidad y mejorar las oportunidades de éxito. Es importante seleccionar estrategias adecuadas y establecer acuerdos claros y mutualmente beneficiosos.

b- Creación de una red de contacto sólida. Pasos por seguir para crearla:

- Haz una lista de tareas.
- Evalúa tus metas y prioridades.
- Identifica tus fortalezas y debilidades.
- Delega las tareas apropiadas.
- Establece expectativas y comunica claramente.
- Evalúa el impacto y la urgencia.
- Monitorea y brinda retroalimentación.
- Empodera a tu equipo.

LAS NECESIDADES NOS EMPUJAN AL APRENDIZAJE, PERO LA PASIÓN NOS MANTIENE DENTRO DE ELLAS.

Marketing y branding personal

La marca personal ha sido definida como la huella que dejamos en los demás, y el branding personal, como el proceso de creación de nuestra marca. Para ello existen estrategias que debe conocer y saber manejar un emprendedor que quiera lograr su posicionamiento en el mercado.

a- Estrategias para promocionar y posicionar tu emprendimiento. Un negocio no se dará a conocer por sí solo, se requiere de tácticas bien diseñadas como:

- Conocer al público objetivo.
- Generar contenido de calidad y relevante.
- Participar en eventos.
- Colaborar con influencias o socios estratégicos.
- Solicitar testimonios y reseñas.
- Ofrecer promociones.

La promoción y el posicionamiento de tu negocio requiere de esfuerzo continuo, mantente alerta a las tendencias.

b- Construcción de una marca personal sólida. Crear la marca personal implica trabajar en la forma en la que te perciben los demás y cómo te diferencias de ellos. Los pasos para lograrlo son:

- Conoce a tu audiencia.
- Crea una declaración de marca.
- Cuida tu imagen en línea.
- Cultiva tu experticia.
- Sé coherente y auténtica.

La construcción de una marca personal sólida lleva tiempo y es un proceso continuo.

Finanzas y gestión del presupuesto

a- Aspectos básicos de la contabilidad y las finanzas. Como emprendedora, comprender lo elemental de la contabilidad y las finanzas te permitirá llevar un registro adecuado de tus transferencias y tomar decisiones financieras. Algunos aspectos para tomar en cuenta son: presupuesto, contabilidad básica, análisis de costos, gestión de efectivo, evaluación de rentabilidad, financiamiento, cumplimiento legal y fiscal. Para ello tienes que contar con el apoyo de profesionales especializados, sin olvidar que debes manejar los conocimientos fundamentales de este campo.

b- Control de flujo del efectivo y la rentabilidad del negocio. Es importante realizar regularmente estas operaciones. Para ello, efectúa análisis periódicos, ajustes cuando sea necesario y busca oportunidades de mejora. La combinación de estos aspectos contribuirá a la sostenibilidad y el crecimiento de tu negocio.

Innovación y adaptabilidad

a- Fomento de la creatividad y la capacidad de adaptación. La creatividad y la capacidad de adaptación son aspectos claves para impulsar la innovación y la respuesta efectiva a los cambios en el entorno empresarial. Fomentarlos requiere un liderazgo comprometido y una mentalidad abierta. Como emprendedora puedes desempeñar un papel clave en crear un entorno propicio para la creatividad y en promover una cultura de adaptabilidad en tu equipo.

b- Identificación de oportunidades de mejora y crecimiento. Reconocer oportunidades de mejorar y crecer es fundamental para el desarrollo y éxito continuo de un negocio. Algunos aspectos para tener en cuenta son:

- Analizar las necesidades y demandas del mercado.
- Escuchar a los clientes.
- Ampliar el mercado objetivo.
- Evaluar el propio desempeño y progreso.
- Mantenerse al tanto de las novedades.

TODO EMPIEZA POR LA ORGANIZACIÓN Y POR DEDICARLE TIEMPO A LO QUE HACES.

Alexandra A. Ovalles Félix

CAPÍTULO III

Escalabilidad y expansión de negocio

A. Estrategias para hacer crecer tu empresa de manera rápida y eficiente

Si deseas que tu negocio crezca rápido y eficientemente, aquí tienes algunos puntos claves que puedes considerar:

- Busca constantemente formas de innovar y diferenciarte en tu industria.

- Establece metas y objetivos claros para el crecimiento de tu empresa.

- No olvides evaluar y ajustar tus acciones a medida que avances.

- Mantente siempre abierta a aceptar los desafíos que surjan en el camino.

B. Consideraciones legales y financieras en la expansión

La consideración legal y financiera es de suma importancia al planificar la expansión de tu empresa. Existen ciertos puntos que debes observar tales como:

- Buena estructura legal.

- Cumplimiento normativo.

- Protección de propiedad intelectual.

- Financiamiento de la expansión.

- Análisis de riesgos.

- Aspectos fiscales.

- Contratos y acuerdos.

Todos estos elementos son de suma importancia para llevar a cabo una expansión significativa. Hay que tomar en cuenta todos y cada uno de ellos para lograr un buen resultado. Además, no podemos ignorar algunos complementos:

- Evaluar la estructura legal más adecuada.

- Asegurarse de cumplir todas las reglas.

- Considerar la protección de la propiedad.

- Realizar un análisis exhaustivo de los riesgos asociados a la expansión.

Es primordial trabajar con asesores legales y financieros calificados durante el proceso de expansión para garantizar que cumples con todas las leyes y regularidades aplicables para que tomes decisiones financieras sólidas.

CADA DÍA BRÍNDATE LA OPORTUNIDAD DE EMPRENDER UN NUEVO SUEÑO QUE TE LLEVE A LA FELICIDAD.

Alexandra A. Ovalles Félix

CAPÍTULO IV

¿Cómo se transforma nuestra vida cuando logramos libertad financiera?

Obtener libertad financiera nos genera un gran impacto; lograrlo es significativo en nuestras vidas. La transformación que experimentamos es muy satisfactoria, ya que nos da independencia y tranquilidad.

Alcanzar libertad financiera te demuestra que depender de un empleo específico no es la norma, te libera de preocupaciones constantes, te da la tranquilidad mental porque tienes la capacidad de tomar decisiones financieras basadas en tus objetivos y valores, no te limitas ante situaciones económicas inmediatas.

Conquistar la libertad financiera te abre un abanico de posibilidades, pues te brinda más opciones en la vida. Puedes tomar decisiones sobre tu carrera, tus inversiones, tus metas personales o tu estilo de vida sin preocuparte por lo económico. Asimismo, podrás asumir riesgos, explorar oportunidades y perseguir tus pasiones sin el peso de las limitaciones financieras.

Cuando vives con libertad financiera el estrés se reduce automáticamente porque no tienes que vivir de un salario, puedes enfocarte en tu bienestar, en tu familia y en disfrutar más de la vida. Asimismo, te permite mayor estabilidad y equilibrio entre la vida personal y el trabajo, lo que significa un impacto positivo en tu salud mental y bienestar general. La autoestima se beneficia también con la libertad financiera porque al tener el control, puedes vivir de acuerdo con el diseño original de tu vida y disfrutarlo. ¡La vida te cambia de forma radical!

Otra oportunidad que te da la libertad financiera es la capacidad de contribuir e impactar en la sociedad de manera significativa al apoyar causas que te interesen, invertir en tu proyecto y contribuir para el bienestar de la comunidad.

En fin, la libertad financiera no solo se trata de acumular riquezas, sino de tener una vida plena y significativa porque brinda confianza y libertad para perseguir los sueños y crear el estilo de vida deseado, lo cual genera una sensación de empoderamiento. Todo lo anteriormente expuesto y un sinnúmero más, son las facilidades y oportunidades que proporciona la libertad financiera.

Ahora bien, en el mundo del emprendimiento hay que aprender a innovar cada día y explorar ideas que generen dinero constantemente. En principio, un emprendimiento es un proyecto personal que con esfuerzo, habilidades y continuidad se transforma en un proyecto profesional que puede proporcionar un buen futuro económico.

No podemos pasar por alto nuestras metas y sueños, si lo creemos, lo tendremos. Debemos seguir con el sueño de concretar nuestros proyectos para así poder sacar provecho en el menor tiempo posible de los mismos y gozar del fruto del sacrificio.

SÉ UN SER PRODUCTIVO Y NO TE LLENES DE APETENCIAS QUE NO PUEDAS PERMITIRTE.

La mujer que goza de estabilidad financiera se caracteriza por tener una situación económica segura y sólida, es decir, cuenta con recursos necesarios para cubrir todos sus gastos y necesidades básicas. Ella puede tener propiedades, ahorros o inversiones que le brinden seguridad a largo plazo y le permitan enfrentar cualquier imprevisto que se le presente con toda la confianza del mundo.

Esta mujer tiene la capacidad de perseguir sus sueños y metas porque puede tomar sus propias decisiones financieras y gozar de la libertad de elegir cómo gastar y administrar su dinero. Sin la necesidad de esperar el consentimiento de un tercero, ella tiene la sabiduría de generar dinero constantemente, ya que posee liderazgo y autocontrol.

Una mujer financieramente estable tiende a tener una visión a largo plazo de sus metas financieras, sus objetivos son claros y elabora planes para alcanzarlos. Ella entiende la importancia de mantener un buen presupuesto y llevar controles de sus ingresos y gastos, pues tiene la capacidad de administrar sus finanzas de manera efectiva.

Es importante tener en cuenta que la estabilidad financiera no está determinada por el género sino por las acciones y hábitos económicos de cada individuo.

LUCHAR POR TUS SUEÑOS ES LA MEJOR FORMA DE CONSTRUIR UN BUEN FUTURO.

A. Principios para lograr una excelente venta

Vender es una ciencia y como toda ciencia tiene principios que deben ser tenidos en cuenta para lograr su efectividad y pertinencia. Uno de ellos tiene que ver con la forma en que ofreces tu producto o servicio.

Nunca te muestres desesperado por vender, eso le resta confianza a la calidad del artículo o servicio que ofreces. Comprueba que conoces lo que vendes y por eso lo recomiendas; si al ofrecer tu producto o servicio, notas que el cliente no está seguro de lo que quiere, aprovecha para explicarle, como todo un experto, los beneficios que obtendrá al aceptar tu oferta. Con seguridad así despertarás el interés en quienes pueden tomar tu servicio o adquirir tu producto.

Pautas para vender

Promocionar. Ofertar un producto en venta implica llevar a cabo una estrategia de marketing efectiva antes de lanzarlo al mercado.

Público objetivo. Debes saber a quién va dirigido tu producto o servicio. Definir claramente quiénes son tus clientes, su potencial y qué necesidades o problemas tienen que tú puedas resolver con tu producto o servicio.

EL DINERO HACE QUE MUCHAS COSAS SEAN POSIBLES, EL RETO ES CONSEGUIRLO Y CONSERVARLO.

Alexandra A. Ovalles Félix

Algunos tips para manejar las emociones financieras:

- Aprender a controlar las finanzas personales.
- Elegir cuál quieres que sea tu nivel de ingresos.
- Descubrir cuáles son las fuentes de ingresos que pueden ayudarte a crecer rápidamente.
- Revisar tus pagos. Verificar cuándo fue la última vez que no pudiste cumplir con una deuda.
- Saber con qué frecuencia compras cosas que realmente no necesitas.
- No permitir que la situación financiera te mantenga estresada constantemente.

Al querer iniciar un negocio siempre nos preguntamos: "¿Cuándo es el momento preciso para iniciar este proyecto?" Los escenarios desafiantes son grandes disparadores de la creatividad.

Ahorrar demasiado tarde

Los presupuestos se ajustan en función de los gastos actuales, no de lo que pretendemos gastar en el futuro. Los ricos primero ahorran y después gastan lo que les sobra; los pobres primero gastan y después ahorran lo que les queda. Por eso, la mayoría de las personas no ahorra, porque se lo gastan todo. Debes tener un fondo de emergencia para invertir.

¿Quieres aprender a ser financieramente organizado? Evita pedir dinero prestado, si no te alcanza, espera, ahorra y gasta cuando tengas. Las personas que siempre tienen dinero hacen un presupuesto para su día a día. Quienes manejan dinero, siguen produciendo dinero.

B. Emprender un negocio es de valientes

Pese a la pasada pandemia del COVID, fueron muchos los que pudieron encontrar oportunidades para prosperar en nuestro país. Debes aprender algo muy importante, el tener y el crear. El tener o crear habilidades de negocios exige actualizarte en el mercado con el tipo de negocio que vas a desarrollar, capacitarte en ese entorno y en las ventas, y creatividad; el emprendimiento reclama creatividad en grandes dosis, también debes saber improvisar.

Cuando decides emprender te invade la incertidumbre sobre cuál será el tipo de negocio que debes iniciar. Debes aprender a controlarte al comienzo de cualquier negocio, ya que este te ocupará más tiempo y tendrás momentos desconcertantes que deberás superar rápidamente. Lo primero que debes hacer es asegurarte que en verdad eres un emprendedor:

- Si te educas constantemente y no tienes miedo al fracaso, eres un emprendedor.
- Si te consideras una persona extraordinaria que le gusta el trabajo duro, esto es para ti.
- Si prefieres un sacrificio temporal por un beneficio futuro mejor, eres un emprendedor.

PUEDES VENDER DE TODO, MENOS MIEDO.

CAPÍTULO V

¿Qué me falta para llegar donde quiero?

Lo primero que debes determinar es qué necesitas para alcanzar tus propósitos. Es de suma importancia tener claros tus objetivos, metas específicas y tiempo requerido. Una vez los identifiques, podrás enfocarte, saber qué acciones ejecutar y tener una dirección clara.

Debes evaluar también habilidades, recursos y conocimientos adicionales. En muchas ocasiones tenemos el conocimiento para desempeñar una labor, pero nos empeñamos en tomar otra línea que está divorciado de lo que realmente producimos con buena calidad, debido a que ya contamos con habilidades especiales, creatividad y conocimientos para ese trabajo. Ahora, nunca está de más adquirir nuevas habilidades o establecer conexiones con personas que puedan brindarte apoyo o asesoramiento.

Para alcanzar tus objetivos debes también aprender a identificar los obstáculos o desafíos que se puedan presentar en el camino hacia tus metas y pensar en estrategias para superarlos y resolverlos de manera efectiva. La disposición para adaptarse a los cambios será muy importante para resolver cualquier situación que pueda surgir; una vez reconozcas esos puntos primordiales, el siguiente paso es pasar a la acción.

Toma medidas concretas hacia tus metas, no te quedes solo en la planificación. Empieza por las tareas más pequeñas y alcánzalas progresivamente. La perseverancia y la consistencia son piezas clave para avanzar hacia dónde quieres llegar.

A medida que avanzas ve revisando tu progreso, debes evaluarlo periódicamente. Realiza agendas si son necesarias, revisa tus metas, aprende de tus experiencias y utiliza tus propios resultados para seguir adelante.

Muchas personas llevan años trabajando en algo que no les gusta y se sienten obligados a mantenerse ahí por diferentes motivos, pero si amas lo que haces, no lo verás como un trabajo sino como un "hobby" o pasatiempo que te hace ganar dinero. Así que necesitas saber enfocar tu tiempo en lo que verdaderamente quieres hacer.

El camino hacia tus metas requiere de tiempo y desafíos. Para mantener el entusiasmo y la motivación celebra tus logros por pequeños que sean y mantén la determinación para seguir trabajando hacia donde estés enfocado. Conserva siempre una mentalidad positiva.

Cada uno desde joven tiene ideas fijas sobre lo que quiere hacer en el futuro, claro, no siempre se da al ciento por ciento ni en un corto plazo y esta es una razón por la cual muchos desmayan; creen que solo es imaginarlo y hacerlo. Pues no, no es tan fácil, cuando iniciamos prácticamente de la nada, no resulta sencillo empezar desde abajo. En ocasiones puede resultar tan difícil que casi nos rendirnos porque creemos que no podremos lograrlo porque es un gran reto iniciar con las manos vacías. Tienes que imaginarlo, creerlo y construirlo.

SIEMPRE QUE TE PROPONGAS SOÑAR SERÁS CAPAZ DE REALIZAR TUS SUEÑOS PORQUE YA INICIASTE CON LO MÁS IMPORTANTE, CREER EN TI.

El camino se torna a veces largo, pero jamás lo debemos ver como imposible, por el contrario, esos obstáculos que se presenten deben ser inspiración para seguir, para levantarnos cada día con más fuerzas y más esperanzas para continuar con positivismo y no desmayar jamás.

Medida en que por lo difícil que es emprender desde la nada es que nos convertimos en personas creativas e innovadoras, porque en realidad esas son las primeras herramientas con las que contamos para iniciar en el mundo de los negocios y en el progreso de nuestras vidas. El esfuerzo debe ser consistente para lograr las metas trazadas.

En ocasiones iniciamos un negocio porque creemos que es el mejor, debido a que a otras personas les resultó bien y obtuvieron grandes frutos. Entonces nos enfocamos en esa línea porque pensamos que nos irá igual de bien. Sin embargo, cuando pasa el tiempo y no prosperamos sino solo tenemos gastos, nos desesperamos y queremos abandonar, ¿Sabes por qué pasa eso? Porque no hemos aprendido a ser consistentes y pacientes para analizar la situación.

El error en el caso anterior pudo consistir en que nos enfocamos en lo bien que se veía aquel negocio que tomamos como modelo, pero no nos detuvimos a preguntar cómo inició, qué motivó a su dueño a emprender en ese campo y qué tiempo le llevó consolidarlo.

PRIMERO DEBES CREER EN TI, LUEGO EN LOS DEMÁS, PORQUE TÚ ERES EL PROTAGONISTA DE TU HISTORIA.

Lanzarse al vacío con un negocio del cual no tienes ni la mínima idea, no es lo mejor. Debes prepararte para tener conocimiento, aunque sea de una de sus áreas, porque si una persona te falla cuando estás en tu mejor momento de producción puedes asumir su rol hasta encontrar alguien que pueda reemplazarla, así tu empresa no se verá afectada. Me refiero a cuando estés iniciando y cuentas con un personal mínimo porque a medida que vayas avanzando, siempre habrá personas a la espera de ser contratadas.

Estar al frente de tu propio negocio te ayudará a ver su crecimiento más rápido. Como propietaria eres la más perjudicada cuando las cosas van mal, por lo que si estás dentro de la empresa puedes manejar todo desde un mejor ángulo y crear estrategias para mantener a gusto a tus clientes y motivar a tus empleados para que te ayuden a sacar tu negocio adelante.

No puedes desmayar a pesar de lo que se te presente. Por lo regular no resultarán bien todas las cosas ni tan alentadoras, pero debes enfrentar cada proceso sin importar de qué venga cargado, tomar iniciativas cada día para construir un camino positivo y seguir alimentando ese motor que te lleva a luchar permanentemente por el éxito hasta que logres alcanzarlo. Ese éxito llegará siempre y cuando continúes con la misma fuerza y esperanza con que iniciaste, y mientras sigas invirtiendo en cada idea que te llegue para brindar tus conocimientos a otros u ofertando tu mejor producto.

Alexandra A. Ovalles Félix

El negocio que escojas para iniciar en el mundo de los negocios no tiene que ver necesariamente con lo que haces o dejas de hacer por mejorar cada día. Hoy puedes ser el empleado de la heladería, mañana el dueño del restaurante; hoy podrías ser el encargado del salón, mañana, su propietario. La magia consiste en aprenderlo y creerlo, y así será.

Enfócate en grandes sueños, aunque tengas que iniciar por el más pequeño o con aquel que consideras menos importante. Es interesante que a veces lo que consideramos insignificante nos resulta muy interesante y se torna más objetivo.

La pasión y la motivación que te acompañen serán un poderoso detonante para que puedas ver en cada cosa pequeña una gran idea para convertirla en resultados trascendentes, lo cual lograrás utilizando todas las herramientas que poseas para continuar armando tus sueños y uniendo cada pedacito que tengas guardado dentro. Esas cualidades internas debes dejarlas salir para que no te falte nada y llegues donde quieres.

NO ES DÓNDE TÚ ENTIENDAS QUE ESTÁS, ES DONDE TÚ DEBES LLEGAR.

CAPÍTULO VI

Que tu determinación sea más grande que tus miedos

Jamás aceptes que te digan que tu tiempo ya pasó y no puedes lograrlo. Empezar de nuevo no tiene tiempo ni edad. No existe un límite temporal para iniciar una vez más, siempre es posible emprender nuevos caminos y perseguir metas; sin importar las circunstancias ni la edad, aprender y reinventarse no tiene límites.

Tampoco permitas que las limitaciones autoimpuestas te detengan, el tiempo es una oportunidad constante para crecer. Da el primer paso, enfócate hacia un nuevo comienzo; tu edad no te define, tus objetivos y pasiones sí. El tiempo está de tu lado si estás dispuesta a aprovecharlo.

Nunca será tarde para empezar o para continuar, no hay edad, no hay límites; no permitas tampoco el miedo al fracaso. Cualquier proyecto que elijas para iniciar debes darle todo tu esfuerzo y dedicación hasta lograr el objetivo de verlo realizado. Aplica todas tus habilidades para sacar el mayor provecho del tiempo invertido en el proyecto en curso, sin albergar la menor duda de que te dará fruto y te permitirá en un tiempo prudente gozar de libertad financiera.

La edad no define nuestra capacidad ni limita nuestras posibilidades, existen muchas personas que han encontrado la felicidad y la oportunidad en etapas avanzadas de su vida, mujeres que han logrado grandes éxitos sin importar cuántos años tenían; lo realmente importante es la determinación y la pasión, el tiempo es valioso sin importar la edad. Confía en ti misma y da el primer paso hacia tus sueños, no permitas que los comentarios negativos te detengan cuando sabes de lo que eres capaz.

TU TIEMPO ES MUY VALIOSO, INVIÉRTELO EN LO QUE TE APASIONA Y TE PUEDE DAR FELICIDAD.

Ya conoces tus debilidades y tus fortalezas, debes dedicarte a trabajar en ellas a diario; todos los miedos se pueden vencer. Identificar y desarrollar las fortalezas es la clave para alcanzar el éxito de manera efectiva. Mientras, las debilidades son áreas de carencia o dificultad que una vez identificadas deben ser trasformadas en fortalezas para así potenciar las habilidades y desempeñarse mejor en las diferentes áreas. Solo debemos tener bien definido dónde estamos y a dónde queremos llegar.

A. Factores a tener en cuenta para iniciar tu negocio por primera vez

Lograr el sueño de iniciar nuestro propio negocio y establecernos en el mercado puede variar considerablemente según diferentes factores. Los recursos son parte importante de esos factores. Claro, dependerá de qué tipo de negocio quieras llevar a cabo. Hay algunos emprendimientos que no requieren de una cantidad de dinero considerable. Por ejemplo, cuando te dedicas a vender servicios, solo necesitas tus conocimientos en principio, y si lo haces en línea solo necesitarás los aparatos electrónicos adecuados y dedicarle el tiempo requerido a tu jornada laboral.

Si nos referimos al campo industrial, este requiere más de tiempo por su naturaleza y dependerá de tu disponibilidad, recursos y habilidades empresariales. Así que no hay un marco de tiempo exacto que se aplique generalmente, porque cada situación es única. Algunos emprendedores requieren más tiempo y esfuerzo para alcanzar sus metas, mientras que otros las logran rápidamente.

Es de suma importancia tener en cuenta que el éxito empresarial implica un proceso gradual de aprendizaje, ajuste y constante desarrollo. La clara visión que tengas en lo que quieras definir como primer negocio o emprendimiento va a ser el fruto de un negocio próspero.

La calidad de tu planificación, la efectividad de tu ejecución y tu capacidad para adaptarte a los cambios que surjan, harán parte de la fórmula mágica para el éxito, que solo se podrá lograr rápido si trabajas arduamente, aprende de tus experiencias y estás enfocado. Entonces podrás acercarte y mantenerte a lo largo del tiempo, y cada vez más cerca de tus sueños empresariales. Esto es parte de la visión que debes adquirir para lograr más rápido el éxito.

Cuando decidimos emprender, lo hacemos regularmente por necesidad y casi siempre esa necesidad es económica. Pero luego que escogemos aquel salvamento y salimos del problema, podemos encontrarnos con una idea de negocio extraordinaria.

Para salir adelante con nuestras metas debemos vencer los miedos, aunque nos cueste: miedo a equivocarse, miedo a fracasar y miedo a dejar atrás lo que no nos deja avanzar. Tampoco permitir que nadie nos diga que ya pasó nuestra hora.

Mientras haya deseos de superación, mientras comiences cada día con actitud positiva, siempre habrá esperanza para seguir adelante con cada proyecto que decidas emprender. La dinámica de la vida es levantarse cada mañana con el plan de renovarte cada día como si fuera el primero.

TU ESFUERZO VALIÓ, VALE Y VALDRÁ SIEMPRE LA PENA.

¿Cómo vencer el miedo que no nos deja emprender?

No resulta fácil vencer el miedo cuando decidimos emprender en un negocio o actividad económica, pues nos amenaza el temor, la incertidumbre y el riesgo, y es algo comprensible porque nos estamos atreviendo a experimentar lo desconocido. El miedo es natural, pero no debe paralizar nuestros proyectos.

Debes confiar en ti misma, tomar medidas concretas y mantener una mentalidad positiva; esos temores solo los experimentarás al principio, pero con el tiempo y la experiencia te sentirás más segura de lo que haces y de tu capacidad de aprender. Esa seguridad la adquieres con la confianza que vas depositando en ti cada día. Así mismo, cuando te educas y te preparas, aumenta la fe en ti misma para emprender el negocio que te propongas.

Pautas importantes para iniciar tu negocio

Investigar es una de las claves del emprendimiento

Explorar, adquirir conocimiento de todo lo que debamos aprender. Cuanto más te prepares y te informes, más capacitado te sentirás para enfrentar los desafíos.

La planificación es un elemento sólido para emprender

La elaboración de planes de negocios debe ser de acuerdo con los objetivos trazados. Debes enfocarte en saber si el negocio que vas a emprender es el que te apasiona o el que necesitas por la situación económica que estás atravesando.

A veces emprendemos en campos que nos apasionan porque nos sentimos identificados con ellos, pero no llenan nuestras expectativas económicas. En cambio, hay otro tipo de negocio que ni siquiera habíamos considerado, pero nos brinda la libertad financiera que necesitamos en situaciones de urgencias como deudas que nos acosan. En momentos así debemos escoger sin perder el norte de ser y hacer lo que verdaderamente nos llena de satisfacción, aunque no podamos lograrlo en el momento en el que nos encontremos.

Empezar por pequeño es parte del negocio; no tienes por qué lanzarte al mar profundo. Puedes comenzar desde abajo con esfuerzo y dedicación, y de manera gradual ir probando a pequeña escala. Así ganarás experiencia y confianza a medida que avances, y aprenderás a minimizar los riesgos.

Establece metas realistas. Recuerda que estás iniciando. No te presiones con expectativas ilusorias. Divide el proceso en pasos y establece metas alcanzables. No significa que no puedas soñar en grande, claro que sí, llegarás hasta donde te lo propongas.

Celebra tus logros por pequeños que sean, son tuyos y son avances en el proyecto que has decidido emprender. Celebrar te ayudará a mantener la motivación y a superar cada vez más el miedo que se genera al inicio de cada proyecto.

LA CONSISTENCIA Y LA PERSEVERANCIA SON PIEZAS CLAVE PARA AVANZAR HACIA DÓNDE QUIERES LLEGAR.

Recuerda, no lo sabes todo, busca apoyo, no tienes que hacer las cosas tú misma. Es buena idea buscar grupos de emprendedores del campo en que deseas desempeñarte para conocer sus experiencias al iniciar sus proyectos.

No olvides que el miedo siempre estará presente para tratar de vencernos y no debemos permitir que eso ocurra. Debemos aceptar enfrentarlo como parte del proceso. El miedo al fracaso es común, pero jamás podemos dejarnos atrapar por sus garras.

Somos capaces de lograr nuestros sueños a pesar de todos los obstáculos que encontremos en el camino. Cuando decidamos emprender y lograr una meta, nada será inalcanzable; existen y existirán muchas cosas difíciles, pero no imposibles. Todo está dentro de nosotros, sabemos el potencial interno que tenemos, y si aún no lo conocemos ya es tiempo de descubrirlo.

NUNCA TENGAS MIEDO DE RENUNCIAR A LO MEJOR SI LO MÁS INTERESANTE ESTÁ POR LLEGAR.

B. La importancia de creer en ti y en lo que haces

Creer en ti misma y en la forma cómo actúas es fundamental por muchas razones:

- Te garantiza motivación y perseverancia.

- Te proporciona la fortaleza necesaria para superar obstáculos y enfrentar desafíos.
- Te impulsa a seguir adelante y encontrar soluciones creativas.
- Estás más dispuesta a continuar a pesar de las dificultades y los contratiempos.
- Mejora tu confianza y autoestima.
- Te sientes más segura de tus decisiones y de ti misma.

Ese conjunto de beneficios te ayuda a enfrentar nuevos desafíos con valentía y te da la confianza necesaria para asumir riesgos calculados en la búsqueda de tus metas.

Creer en ti también te ayuda en la toma de decisiones más acertadas. Cuando crees en ti confías en tus instintos y decides asertivamente. Al confiar en tu juicio y en tus habilidades puedes asumir la responsabilidad de elegir informadamente con base en tus propios valores y metas.

Creer en ti te hace más resistente a las críticas y al rechazo porque sabes que tienes cualidades y habilidades valiosas que te ayudarán a mantener una actitud positiva y a recuperarte más rápido de las adversidades.

TODO LO QUE SIEMBRES CON ESPERANZA, UN DÍA LO COSECHARÁS EN ABUNDANCIA.

La confianza en ti te permite aprender de los errores y utilizarlos como oportunidades para mejorar y crecer. Cuando crees en lo que haces y en ti misma, irradias confianza y entusiasmo, eso te beneficia mucho en el entorno personal y profesional.

La confianza puede inspirar y motivar a las personas que te rodean al crear un impacto positivo en tu entorno y en tus relaciones personales y profesionales. Debes comenzar creyendo en ti misma para que otros crean en ti.

Creer en ti y en lo que haces es esencial para tu crecimiento personal, tu bienestar y tu éxito. Te brinda la confianza, la motivación y la resiliencia necesarias para enfrentar los desafíos que se presenten en el camino y perseguir tus sueños donde quiera que estén; nunca con miedo al éxito.

LA META JAMÁS ESTARÁ LEJOS DE TI SI VAS CON PASOS FIRMES.

CAPÍTULO VII

¿Cómo lograr nuestros sueños en corto tiempo?

Ya sabes que lograr tus sueños en corto tiempo puede ser un desafío. Desafío que podrás vencer una vez estés dispuesta a llevar a cabo todas las recomendaciones que te he presentado en este libro.

Como hemos visto, lo más importante es tener metas claras, o sea, definir tus sueños en metas específicas y alcanzables. ¿Cómo vas a lograrlo? Dividiendo tus objetivos en plazos más cortos y trazando un plan de acción detallado para alcanzarlos. De igual modo debes enfocarte en la acción, no te puedes quedar solamente con la planificación, debes tomar medidas concretas para avanzar hacia tus propósitos.

Otro punto importante es identificar las tareas claves que debes realizar y trabajar en ellas de manera constante. No puedes perder la motivación, mantenla alta recordando por qué deseas alcanzar tus sueños. Para ello utiliza herramientas como la visualización, los recordatorios visuales o busca inspiración en personas exitosas que hayan logrado objetivos similares; aprende también habilidades que sean relevantes para alcanzar tus sueños y busca oportunidades para mejorar en esas áreas; puedes hacerlo a través de cursos, mentorías, experiencias o prácticas.

SÉ OPTIMISTA CONTIGO MISMA, MANTÉN FIRME TU FE Y NUNCA PIERDAS LA ESPERANZA.

Es de suma importancia mantener una mentalidad positiva, cultívala y sé optimista. Enfócate en tus logros y en tus fortalezas, no te desanimes por los obstáculos que puedes encontrar en el camino, observa los desafíos como oportunidades de crecimiento.

Administra tu tiempo eficientemente utilizándolo de manera inteligente de las siguientes formas:

- Establece prioridades y evita distracciones innecesarias.
- Identifica las actividades que no contribuyen a tus metas y elimínalas o reduce su impacto en tu vida diaria.

Recuerda que alcanzar tus sueños requiere de esfuerzo, perseverancia y tiempo. No existe una fórmula mágica para el éxito instantáneo, pero con determinación constante y enfoque, puedes acercarte cada vez más a tus metas. No te rindas y sigue trabajando hacia tus propósitos, nadie más que tú sabe qué significan para ti. Eres lo que haces y lo que construyes, nunca te des por vencida en luchar por lo que quieres alcanzar.

El mundo es solo para los fuertes, para los que son capaces de conquistar sus sueños sin importar lo que tengan que atravesar para llegar al éxito. Todo lo que te propongas hacer, hazlo con amor y positivismo y ten seguridad de que podrás llegar a cumplir tus metas y triunfar.

Reconocer tus fortalezas te ayudará a tener confianza en ti misma y utilizarlas efectivamente para superar obstáculos. Haz una lista de tus habilidades, conocimientos y experiencias que te hacen destacar de los demás.

Enfócate en soluciones, no en problemas. Analiza situaciones, identifica alternativas y toma las medidas concretas para superar los desafíos. Aprende de tus fracasos, los fracasos son oportunidades de aprendizaje, extrae de ellos lecciones valiosas y aprovéchalos para mejorar en el futuro. Recuerda que el éxito surge de una serie de fracasos superados.

No tengas miedo de pedir ayuda cuando la necesites, el apoyo de otra persona puede ser invaluable para superar obstáculos. Cultiva siempre una mentalidad optimista y positiva. Nunca desaproveches la oportunidad de seguir capacitándote, mientras más preparada estés, mejor equipada estarás para enfrentar los retos.

No olvides que cada obstáculo es una oportunidad para crecer y fortalecerte como emprendedora. Mantén siempre una actitud perseverante y confía en ti misma, tú puedes superar cualquier dificultad que se te presente en el camino.

A ti que eres una emprendedora que busca alcanzar sus sueños, te quiero compartir una poderosa clave para acelerar tu proceso y lograr resultados en corto tiempo, esa clave es establecer metas claras y desafiantes; definir metas realistas y específicas nos proporciona un enfoque claro y un sentido de propósito, sin embargo, si deseamos avanzar rápido, también necesitamos establecer metas que nos desafíen más allá de lo que consideramos cómodo.

BRÍNDATE LA OPORTUNIDAD DE EMPRENDER CADA DÍA UN NUEVO SUEÑO QUE TE CONDUZCA A LA FELICIDAD.

Visualízate disfrutando de los beneficios y las recompensas de tu éxito como emprendedora. Esa imagen te ayudará a mantener la motivación y a enfocarte en lo que realmente deseas. Comprométete seriamente con tus metas y toma medidas consistentes.

Recuerda que el tiempo es un recurso valioso. Aprovecha cada día para avanzar hacia tus sueños con determinación y perseverancia. Si estás dispuesta a desafiarte y a mantenerte enfocada, verás como tus sueños se convierten en realidad mucho más rápido de lo que te imaginas.

Alexandra A. Ovalles Félix

TESTIMONIOS DE MUJERES EMPRENDEDORAS

Aquí te presento historias reales de valiosas mujeres que se han destacado en el emprendimiento tanto en la República Dominicana como en otros países de Centroamérica y Estados Unidos. Ellas son más que un ejemplo a seguir. Estas apasionadas mujeres nos demuestran que somos capaces de alcanzar cada sueño que nos propongamos, que solo debemos confiar en nosotras mismas y ser perseverantes, constantes, positivas y enfocarnos en las metas para lograr los objetivos. La primera de ellas es Carmen P.

Historia de Carmen P.

En un pequeño pueblo de República Dominicana vivía una joven llamada Carmen. Desde muy temprana edad, ella mostró una curiosidad inquebrantable y una mente creativa. Siempre soñó con convertirse en una emprendedora exitosa, pero su camino estuvo lleno de desafíos y obstáculos que pusieron a prueba su determinación.

Alexandra A. Ovalles Félix

Carmen provenía de una familia humilde donde los recursos eran limitados, pero a pesar de las dificultades económicas sus padres la impulsaron a perseguir sus sueños y la apoyaron de manera continua. Fue gracias a su amor y ayuda incondicional que Carmen pudo continuar sus estudios e ir a la universidad.

Mientras avanzaba en su formación superior, Carmen se dio cuenta de su interés por el emprendimiento. Desde pequeña se sentía fascinada por aprender ciertas artes como la elaboración de sombreros y sillas en material de caña. Inspirada por su familia, sobre todo por su padre, que era un gran cultivador y trabajador, ella sintió que debía seguir el entusiasmo del emprendimiento que llevaba dentro y necesitaba explotar.

Al graduarse, Carmen decidió cambiar su vida por completo; pondría toda su pasión e interés en lo que realmente deseaba hacer en su vida: crear, ayudar y educar con entrega y amor. Los comienzos fueron difíciles, sin embargo, nada la detuvo, su fortaleza siempre la acompañó, por eso se mantuvo firme en su enfoque y trabajaba arduamente para alcanzar lo que deseaba.

En principio Carmen emprendió un pequeño negocio que no funcionó por la gran competencia que existía, pero no se detuvo ahí. Eso la motivó y le dio fuerzas para iniciar el sueño que llevaba dentro: crear una fundación para ayudar a personas necesitadas, específicamente a mujeres, a emprender en el campo que desearan para iniciar sus propios proyectos.

Su espíritu emprendedor la llevó a buscar nuevas oportunidades, a tocar las puertas de autoridades del sector que le brindaron apoyo para ayudar a otras mujeres a soñar. Carmen abrió talleres de superación, cursos técnicos y de ayuda a mujeres desprotegidas para que fueran autosuficientes y así pudieran superarse en la vida.

Carmen se ha convertido en una gran emprendedora por la pasión que tiene por ayudar a mujeres que carecen de soporte para encontrarse a sí mismas. Siempre se ha preocupado por su comunidad y ha sido una defensora de la educación y el empoderamiento femenino. A través de su fundación ha creado programas para capacitar a mujeres jóvenes en habilidades empresariales y promover la equidad de género en el mundo empresarial. Hoy en día Carmen es una mujer muy querida y respetada por su comunidad y un ejemplo a seguir.

Alexandra A. Ovalles Félix

Historia de Iris Altagracia

Altagracia creció en un entorno humilde en un barrio de la ciudad de Santo Domingo. Debido a la difícil situación económica se vio obligada a abandonar su hogar a temprana edad para buscar oportunidades y contribuir al sustento de su familia. Sin educación formal, enfrentó numerosos obstáculos, pero estaba decidida a construir una vida mejor para ella y sus seres queridos.

En su lucha por sobrevivir, Altagracia se casó muy joven para asegurar su estabilidad financiera. Aunque logró cierta solidez económica, también le significó dejar a sus hijos solos mientras trabajaba largas horas para mantenerlos. Esta situación le causó un dolor profundo, pero ella sabía que tenía que hacer sacrificios para asegurar un futuro mejor.

A medida que pasaba el tiempo, Altagracia comenzó a soñar con tener su propio negocio. Con perseverancia y determinación logró abrir una pequeña tienda en su comunidad. Aunque las ganancias eran modestas al principio, no se rindió y trabajó arduamente para hacer crecer su negocio.

A medida que su tienda prosperaba, Altagracia comenzó a observar que muchas jóvenes en su comunidad enfrentaban situaciones similares a las que ella tuvo que vivir a esa edad y comprendió que esas chicas deseaban progresar, pero no tenían las oportunidades para hacerlo. Entonces decidió utilizar su experiencia y conocimientos para ayudar a esas jóvenes a encontrar su propio camino hacia el éxito.

Altagracia comenzó a brindar consejos y apoyo a las jóvenes de su comunidad, también les enseñó habilidades comerciales básicas, las inspiró a creer en sí mismas y las alentó a emprender sus propios negocios o buscar oportunidades laborales. Además, aprovechó el poder de Internet para ofrecer asesoramiento y capacitación en línea, y así llegar a un público más amplio.

A medida que estas mujeres comenzaron a prosperar bajo su orientación, su trabajo se hizo conocido y recibió reconocimiento de organizaciones locales y nacionales, además apoyo para expandir su programa de mentorías y capacitación. Así mismo, colaboraba con otras emprendedoras y organizaciones que compartían su visión de empoderamiento femenino.

Hoy en día Iris Altagracia es una figura inspiradora en su comunidad y más allá. Su tienda sigue siendo un éxito, pero su verdadero legado radica en las vidas que ha tocado y las jóvenes que ha ayudado a encontrar su propio camino hacia el éxito. Su dedicación y su pasión por ayudar a otros han creado un movimiento de empoderamiento y progreso que ha demostrado que incluso las más grandes adversidades pueden convertirse en oportunidades para crecer y ayudar a otros.

La historia de Iris Altagracia nos enseña que, a pesar de los desafíos y las dificultades, podemos encontrar una fortaleza interior y utilizar nuestras experiencias para marcar una diferencia positiva en la vida de los demás.

Historia de Emily Johnson

Emily Johnson es una destacada mujer emprendedora originaria de Estados Unidos. Su historia es un testimonio inspirador de perseverancia, determinación y éxito en el mundo empresarial. A través de su arduo trabajo y visión única, ha logrado convertirse en una de las emprendedoras más exitosas de su país.

Emily nació y creció en una pequeña ciudad de Estados Unidos en el seno de una familia modesta. Desde temprana edad mostró curiosidad y pasión por los negocios, siempre estaba buscando formas de innovar y mejorar lo que la rodeaba. A medida que crecía, su deseo de emprender se volvió cada vez más fuerte.

Después de completar sus estudios, Emily decidió seguir su pasión y emprendió en el campo de la tecnología; reconoció el potencial de crecimiento y las oportunidades que ofrecía el sector y estaba decidida a ser parte de él. Aunque carecía de experiencia empresarial y conocimientos técnicos, ella estuvo dispuesta a aprender y a enfrentar cualquier desafío que se le presentara.

Con una idea en mente, Emily se embarcó en la creación de su primera empresa de tecnología. Pasó innumerables horas investigando, aprendiendo y conectándose con expertos, y aunque enfrentó rechazos y obstáculos, nunca perdió la confianza en sí misma y en su visión.

Después de varios intentos, Emily encontró el éxito con su segunda empresa: una plataforma de comercio electrónico innovadora y única que permitía a los consumidores comprar productos personalizados de forma fácil y conveniente. La idea revolucionaria de Emily resonó en los clientes y su negocio creció vertiginosamente.

El camino del emprendimiento no fue fácil para Emily. Se enfrentó a numerosos desafíos, desde la falta de financiamiento hasta la competencia en el mercado, pero ella nunca se rindió, aprendió a adaptarse a los cambios y a utilizar la retroalimentación para mejorar su negocio. Su perseverancia y dedicación fueron fundamentales para superar los obstáculos y lograr el éxito.

A medida que su empresa crecía, Emily se dio cuenta de la importancia de rodearse de un equipo fuerte y talentoso. Contrató a personas que compartían su pasión y visión, y juntos trabajaron arduamente para hacer crecer la empresa. Emily se destacó por su liderazgo inspirador y su capacidad para motivar a su equipo a alcanzar su máximo potencial.

Con el tiempo la plataforma de comercio electrónico de Emily se convirtió en una de las más exitosas del país; su enfoque en la personalización y la atención al cliente le valieron el reconocimiento de la industria y una base de clientes leales. Ella se volvió una figura respetada en el mundo empresarial estadounidense y fue invitada a dar conferencias y charlas motivacionales en eventos empresariales y educativos.

Además de su éxito empresarial, Emily se ha preocupado por hacer una diferencia en la comunidad. Se involucró en iniciativas sociales y benéficas donando parte de sus ganancias para apoyar causas como la educación y la lucha contra la pobreza.

Emily también es mentora para otros emprendedores, especialmente para mujeres que aspiran iniciar sus propios negocios. Comparte su experiencia y conocimientos brindando orientación y apoyo a quienes buscan seguir sus pasos.

A medida que su influencia y éxito crecían, Emily decidió expandir su negocio a nivel internacional. Abrió sucursales en diferentes países y estableció alianzas estratégicas con empresas internacionales. Su visión audaz y su capacidad para identificar oportunidades le permitieron ingresar a nuevos mercados y ampliar su base de clientes.

Con el tiempo, Emily se convirtió en un referente en el mundo del emprendimiento en Estados Unidos. Su historia ha inspirado a muchas personas a perseguir sus sueños y a no tener miedo de enfrentar desafíos. Ella se convirtió en un ejemplo de empoderamiento femenino y una voz influyente en la igualdad de género en el ámbito empresarial.

Hoy en día Emily Johnson es reconocida como una de las mujeres emprendedoras más exitosas de Estados Unidos. Su empresa se ha convertido en líder de la industria y su visión innovadora continúa impulsando su crecimiento. A pesar de sus logros, Emily se mantiene humilde y comprometida con su visión original de hacer una diferencia en la vida de las personas a través de la tecnología y los negocios.

La inspiradora historia de Emily es ejemplo de cómo la determinación, la pasión y la resiliencia pueden conducir al éxito en el mundo empresarial. Su valentía para enfrentar los desafíos y su enfoque en la innovación la han llevado a lograr sus sueños y a convertirse en una líder en su industria. Su testimonio nos recuerda la importancia de creer en nosotros mismos, perseguir nuestras pasiones y nunca renunciar a nuestros objetivos sin importar los obstáculos que podamos enfrentar en el camino hacia el emprendimiento.

Historia de Altagracia Félix

Altagracia es una joven dominicana que proviene de una familia humilde, cuyo camino hacia el éxito estuvo marcado por su determinación y el apoyo incondicional de su madre. Creció en un sector modesto de Santo Domingo, República Dominicana, y aunque su familia enfrentaba dificultades económicas, su madre siempre se preocupó por el bienestar y el desarrollo de sus hijos. Aunque su padre mostraba poco interés en la capacitación de la familia, la presencia y dedicación de su madre fueron fundamentales en la vida de Altagracia.

Desde temprana edad Altagracia dijo lo que quería ser: una gran profesional, pues desde pequeña se interesó por los negocios porque siempre veía a su madre preparando alimentos para vender, entre otras cosas.

Altagracia demostró ser una joven despierta y curiosa desde su corta edad. Tenía una sed insaciable de conocimiento y siempre se esforzaba por aprender más. Aunque la situación económica de su familia limitaba sus oportunidades, ella se mostraba decidida a superar cualquier obstáculo que se interpusiera en su camino. Hacia cualquier cosa para rendir el dinero que su madre le daba para la merienda, como comprar una caja de jabones Primor y luego venderlos individualmente.

Desde muy pequeña evidenciaba astucia e interés por ser alguien en el mañana y constantemente se lo manifestaba a su madre, quien siempre trataba de apoyarla, pero no podía hacer mucho, ya que era ella sola para sostener ocho niños pequeños.

Mientras Altagracia iba creciendo fue interesándose por estudiar, pero cada vez le era más difícil puesto que su padre nunca estudió y tampoco le interesaba que sus hijos lo hicieran, por lo que cada final de año, ni Altagracia ni sus hermanos podían tomar los exámenes y debían repetir el ciclo escolar.

Pero eso no la detuvo, a los 12 años empezó a trabajar por tres horas en una fábrica de esponjas con uno de sus hermanos. Luego hizo cursos técnicos como recepcionista y cajera comercial, entre otros. De ahí en adelante se empleó en diferentes entidades, y una vez consiguió un trabajo estable, se concentró en sus estudios; trabajaba todo el día y de ahí se iba a estudiar por la noche. Ella sabía que la educación era su camino hacia un futuro mejor y estaba decidida a aprovechar al máximo lo que aprendía.

Además de su compromiso con los estudios y su trabajo, Altagracia tenía un profundo deseo de ayudar económicamente a su familia. Desde joven buscó oportunidades de empleo a tiempo parcial para contribuir con los gastos del hogar. Estaba dispuesta a hacer sacrificios para lograr sus metas.

Con el tiempo, Altagracia logró graduarse de la universidad y tener una carrera prestigiosa en su campo de estudio. Su determinación y compromiso no solo le permitieron alcanzar el éxito personal, también le brindaron la oportunidad de apoyar a su familia y mejorar su calidad de vida. Además, Altagracia nunca olvidó las dificultades que enfrentó en su camino y el papel crucial que su madre desempeñó en su favor.

Inspirada por el amor y la dedicación de su madre, Altagracia ahora es una gran emprendedora, cada día incursiona en nuevos proyectos y tiene libertad financiera gracias a sus sacrificios, determinación y deseo de emprender y ser alguien en la vida.

La historia de Altagracia Félix es un testimonio inspirador de cómo la determinación, el amor y el apoyo pueden transformar vidas. A pesar de los desafíos que enfrentó, ella nunca dejó que las circunstancias la definieran. Su coraje, combinado con el apoyo de su madre, le permitieron superar los obstáculos y construir una vida exitosa basada en el conocimiento, el trabajo duro y la generosidad hacia los demás.

Historia de María García

María es una mujer de República Dominicana llena de pasión y determinación. Su sueño era ser una gran emprendedora y lo logró. Aunque enfrentó numerosas barreras y desafíos, su amor por su país y sus deseos de hacer una gran diferencia la impulsaron a realizar sus anhelos.

Alexandra A. Ovalles Félix

María se inspiró en la belleza y en los recursos naturales de República Dominicana, específicamente en los productos orgánicos naturales de su país y decidió aprovechar esa coyuntura para crear su propia línea de productos de belleza naturales.

Inicialmente realizó un arduo trabajo de investigación y aprendizaje sobre ingredientes naturales para la belleza y se conectó con fabricantes y agricultores locales que cultivaban plantas y hierbas beneficiosas para la piel. María trabajó con empeño para desarrollar fórmulas únicas y de alta calidad, cuidando todos los detalles desde la selección de ingredientes, hasta su envasado.

A medida que pasó el tiempo, María enfrentó desafíos de diversa índole, pero siguió adelante con la consolidación de su negocio. Aunque experimentó retos financieros sabía que saldría adelante, así que se esforzó por adquirir un buen capital para sostener su negocio.

La pasión y la firmeza la impulsaron a buscar redes de apoyo a emprendedores en la República Dominicana. Luego de participar en diversas mentorías y talleres, María encontró la oportunidad de conseguir financiamiento a través de una organización que respaldaba proyectos. Ella presentó su plan de negocios con visión y convicción, demostrando la importancia de la preservación de los recursos naturales, y después de varias conversaciones y demostraciones, su propuesta fue aceptada. Finalmente, María recibió el apoyo financiero que necesitaba para llevar a cabo su negocio al siguiente nivel.

Con esos recursos y otros adicionales, María pudo contratar empleados, fabricar productos y así darles rienda suelta a sus sueños. La línea de productos de belleza que María creó comenzó a ganar popularidad en su país; los buenos ingredientes que ella utilizaba le trajeron muchos clientes; clientes preocupados por el cuidado de su piel y el medio ambiente que querían probar la efectividad de dichos productos.

Su éxito no se limitó a nivel nacional. Con arduo trabajo logró que sus productos fueran reconocidos y pedidos por otros países vecinos. Hoy en día, María es una emprendedora reconocida en la República Dominicana, ha generado empleo en muchas localidades y promueve la belleza de manera sostenible con sus productos naturales. Su historia es una inspiración para muchas mujeres dominicanas que sueñan con emprender y dejar huella en el mundo empresarial.

Alexandra A. Ovalles Félix

María demostró que, con perseverancia, pasión, determinación y el apoyo adecuado, una mujer puede convertirse en una exitosa emprendedora y marcar la diferencia en su comunidad y en las demás.

Historia de Marta López

Marta López es una destacada mujer emprendedora originaria de Centroamérica. Desde muy joven se sintió atraída por el mundo empresarial y soñaba con hacer una diferencia en su comunidad a través de su propio negocio. A pesar de los desafíos y las dificultades que enfrentó en su camino hacia el emprendimiento, Marta demostró una gran determinación y valentía para perseguir sus sueños.

Nacida en una familia de clase trabajadora en una pequeña ciudad de Centroamérica, Marta se crio rodeada de una cultura vibrante y de personas trabajadoras y luchadoras. Desde una edad temprana, Marta admiraba a las mujeres emprendedoras en su comunidad que habían logrado establecer sus propios negocios y mejorar sus vidas. Esta inspiración se convirtió en el motor que impulsó su propia trayectoria emprendedora.

A medida que Marta crecía, desarrolló un amor por la artesanía y las manualidades. Era hábil para crear hermosas piezas de joyería y accesorios utilizando materiales locales. Pronto sus amigos y familiares comenzaron a elogiar su talento y a pedirle que les hiciera piezas personalizadas. Fue entonces cuando Marta se dio cuenta de que podía convertir su pasión en un negocio.

Sin embargo, el camino hacia el emprendimiento no fue fácil para Marta. Aunque tenía un talento innato, carecía de conocimientos empresariales y de los recursos necesarios para iniciar su propio negocio. Pero eso no fue obstáculo, ella se comprometió a adquirir el conocimiento y buscar oportunidades para impulsar su negocio.

Marta comenzó a asistir a talleres y capacitaciones locales sobre emprendimiento y gestión empresarial. A través de estas experiencias aprendió sobre aspectos clave como la planificación, el marketing y la gestión financiera. Además, buscó mentores y se rodeó de otras mujeres emprendedoras exitosas que le brindaron orientación y apoyo.

Con el tiempo, Marta fundó su propia empresa de joyería artesanal llamada: "Artesanías Mágicas" que utiliza técnicas tradicionales y materiales autóctonos de la región, y creó una línea única de joyas que capturan la esencia y la belleza de su cultura. Cada pieza cuenta una historia y refleja la rica herencia de Centroamérica.

A medida que su negocio crecía, Marta se enfrentó a desafíos comunes en el emprendimiento como la falta de financiamiento y la competencia en el mercado. Sin embargo, su pasión, perseverancia y dedicación la llevaron a superar cada obstáculo. Marta trabajó arduamente para establecer alianzas estratégicas con tiendas locales y participar en ferias y exposiciones comerciales. Su atención al detalle y la calidad excepcional de sus productos le valieron el reconocimiento de los clientes y la industria.

Marta no solo se enfocó en el éxito personal, también buscó formas de retribuir a su comunidad. Creó oportunidades de empleo para mujeres locales brindándoles capacitación y un salario justo. Además, apoyó iniciativas sociales y ambientales, utilizando materiales sostenibles y promoviendo prácticas responsables en la producción de sus joyas.

El impacto positivo de Marta no pasó desapercibido, su empresa, "Artesanías Mágicas", se convirtió en un referente en la industria de la joyería artesanal en Centroamérica. Sus diseños únicos y la historia que los acompaña resonaron con clientes tanto locales como internacionales, lo que llevó a un aumento en la demanda de sus productos.

A medida que su negocio se expandía, Marta se convirtió en una figura influyente en el mundo empresarial de Centroamérica. Fue invitada a dar conferencias y charlas motivacionales en eventos empresariales y educativos para compartir su historia de éxito y alentar a otros emprendedores a perseguir sus sueños.

Además, Marta se convirtió en mentora y apoyó a otros emprendedores en la región. Compartió sus conocimientos y experiencias ayudando a otros a superar los desafíos y alcanzar el éxito en sus propios emprendimientos. Ella ha creído firmemente en la importancia de empoderar a las mujeres y promover la igualdad de género en el ámbito empresarial.

Hoy en día Marta López es reconocida como una emprendedora destacada en Centroamérica. Su empresa, "Artesanías Mágicas" continúa creciendo y prosperando, llevando sus hermosas creaciones a diferentes rincones del mundo. Su historia es un testimonio inspirador de cómo la pasión, la determinación y el compromiso pueden convertir los sueños en realidad, y de cómo una mujer emprendedora puede marcar la diferencia en su comunidad y más allá.

Alexandra A. Ovalles Félix

La historia de Marta López nos recuerda la importancia de perseguir nuestras pasiones, aprovechar las oportunidades y superar los obstáculos en el camino hacia el emprendimiento. Su dedicación y espíritu de innovación sirven de inspiración para todas las mujeres que sueñan con iniciar su propio negocio y dejar su huella en el mundo.

Historia de Patricia Gómez

Patricia Gómez es una apasionada repostera dominicana que ha dejado una huella en el mundo de la repostería y los pasteles. Desde una edad temprana, Patricia mostró un interés innato por la creatividad y el arte culinario. Inspirada por los deliciosos pasteles que su madre preparaba, Patricia se enamoró de la repostería y decidió convertir su pasión en su profesión.

Para seguir su sueño, Patricia se matriculó en una reconocida escuela en Santo Domingo. Durante sus estudios se destacó por su talento excepcional y su dedicación por aprender las técnicas más finas de la repostería. Aprovechó cada oportunidad para experimentar con diferentes ingredientes, texturas y sabores, buscando siempre la perfección en sus creaciones.

Después de graduarse, Patricia decidió que era el momento de emprender su propio camino y compartir su talento con el mundo. Con su determinación y un toque de ingenio, creó su marca de pasteles y repostería bajo el nombre de "P.G. Pasteles". Su enfoque era claro: ofrecer pasteles únicos, hechos con los mejores ingredientes y con un toque personal que reflejara su amor por la cultura dominicana.

Comenzó su negocio desde su propio hogar, utilizando su pequeña cocina como su laboratorio de creación. Patricia trabajó arduamente para perfeccionar sus recetas y desarrollar un catálogo de pasteles exclusivos que cautivaran los paladares más exigentes. Sus productos se caracterizan por la combinación de técnicas tradicionales con un toque de innovación y por su presentación impecable.

A medida que su negocio crecía, Patricia se enfrentó a los desafíos que se les suelen presentar a los emprendedores, como lo son la falta de capital y la competencia en el mercado. Sin embargo, su determinación y pasión por la repostería la impulsaron a superar cualquier obstáculo que se interpusiera en su camino y se esforzó por encontrar oportunidades para promocionar su marca y expandir su alcance.

Alexandra A. Ovalles Félix

El reconocimiento de Patricia comenzó a llegar cuando su marca: "P.G. Pasteles" empezó a ganar popularidad en el mercado dominicano. Los clientes elogiaban la calidad de sus pasteles y apreciaban el toque único que Patricia incorporaba en cada creación. Su dedicación y su búsqueda constante de la excelencia le valieron una reputación sólida en la industria de la repostería.

Motivada por su éxito local, Patricia decidió llevar su talento más allá de las fronteras de República Dominicana. Se embarcó en el desafiante camino de la exportación y estableció contactos con distribuidores internacionales. Su enfoque en la calidad y en la autenticidad de los ingredientes dominicanos le abrió puertas en mercados internacionales exigentes.

Con el tiempo, Patricia fue invitada a participar en importantes eventos y exposiciones de repostería a nivel internacional. Sus pasteles que fusionaban elementos tradicionales dominicanos con técnicas vanguardistas cautivaron la audiencia global. Patricia se convirtió en una referencia en la repostería dominicana y su marca "P.G. Pasteles" se posicionó como sinónimo de calidad y creatividad.

Además de su éxito en el mundo de la repostería, Patricia también se ha destacado por su compromiso con la responsabilidad social. Consciente del impacto que su negocio puede tener en la comunidad, Patricia ha buscado formas de retribuir. Ha participado en iniciativas benéficas y ha donado una parte de sus ganancias a organizaciones locales que trabajan en áreas como la educación y la alimentación.

Patricia también ha compartido generosamente su conocimiento y experiencia con otros aspirantes a reposteros. Ha impartido talleres y mentorías brindando consejos y apoyo a aquellos que desean seguir sus pasos en el mundo de la repostería. Su objetivo es inspirar a otros emprendedores y transmitirles el mensaje de que con pasión y dedicación pueden alcanzar sus sueños.

La historia de Patricia Gómez es un testimonio inspirador de cómo una pasión convertida en negocio puede florecer y tener un impacto significativo en la comunidad. Su enfoque en la calidad, la autenticidad y la responsabilidad social ha sido fundamental para su éxito. Patricia ha demostrado que con determinación y perseverancia es posible convertir los sueños en realidad.

Hoy en día Patricia Gómez continúa deleitando a los amantes de la repostería con sus exquisitos pasteles y sigue siendo una figura destacada en esa industria en la República Dominicana. Su historia es un recordatorio de que, con pasión, dedicación y creatividad, se pueden alcanzar grandes logros y dejar un legado duradero en el mundo empresarial.

Historia de Laura Torres

Laura Torres, una mujer de origen humilde, nació y creció en un pequeño pueblo de la República Dominicana. Desde muy joven, Laura soñaba con tener su propio negocio y lograr una vida mejor para ella y su familia. Sin embargo, enfrentó numerosos desafíos en su camino hacia el emprendimiento.

La falta de recursos económicos y oportunidades limitadas en su comunidad eran obstáculos constantes para Laura. A pesar de las dificultades, nunca perdió de vista su objetivo y decidió aprovechar al máximo los recursos disponibles. Con una mentalidad resiliente y una actitud positiva, Laura comenzó a investigar y aprender todo lo que pudo sobre el mundo empresarial.

Aprovechando sus habilidades de diseño y su creatividad, Laura decidió emprender en el campo de la decoración de interiores. Comenzó con modestos proyectos de diseño para amigos y familiares, utilizando materiales reciclados y económicos. A pesar de las limitaciones, su dedicación y pasión por la decoración la llevaron a obtener reconocimiento local y clientes satisfechos.

Sin embargo, Laura quería ir más allá y hacer crecer su negocio. Se dio cuenta de que necesitaba adquirir más conocimientos y habilidades para tener éxito en el competitivo mundo del diseño de interiores. A pesar de los obstáculos económicos, Laura ahorró cada centavo que pudo y se matriculó en un curso de diseño de interiores en la ciudad más cercana.

El curso no solo le brindó nuevas técnicas y conocimientos, también le permitió establecer contactos y conectarse con otros emprendedores del mundo del diseño. Laura aprovechó cada oportunidad para aprender de ellos y mejorar sus habilidades. A medida que ganaba confianza en sí misma y en su negocio, decidió dar un paso más y lanzar su propia empresa de diseño de interiores.

Sin embargo, la falta de financiamiento seguía siendo un desafío. Laura se encontró con múltiples puertas cerradas al buscar inversores o préstamos, pero en lugar de rendirse, recurrió a la creatividad. Laura ofreció sus servicios de diseño a precios accesibles y utilizó las redes sociales para promocionar su trabajo. Cada proyecto exitoso era un pequeño paso hacia su objetivo de establecer su propio estudio de diseño.

Después de años de arduo trabajo y perseverancia, Laura finalmente logró ahorrar lo suficiente para abrir su propio estudio de diseño de interiores. Con una ubicación modesta en el centro de la ciudad, Laura ofrecía servicios de diseño personalizados y de alta calidad a precios asequibles. Su estilo único y su enfoque en la sostenibilidad llamaron la atención de clientes locales y extranjeros, y su negocio comenzó a prosperar.

A medida que su estudio crecía, Laura no olvidó sus raíces y el impacto que podía tener en su comunidad. Decidió brindar oportunidades de empleo a jóvenes talentosos de bajos recursos, capacitándolos y ofreciéndoles una salida a la falta de oportunidades laborales. Además, Laura se involucró en proyectos comunitarios y donó parte de sus ganancias para apoyar causas locales como la educación y el cuidado del medio ambiente.

El éxito de Laura en el mundo del emprendimiento la llevó a recibir reconocimiento y premios a nivel local e internacional. Su talento, perseverancia y espíritu emprendedor la convirtieron en modelo a seguir para muchas mujeres dominicanas que también soñaban con emprender.

Laura se convirtió en una defensora de la igualdad de género y se dedicó a inspirar y empoderar a otras mujeres a seguir sus pasiones y superar las adversidades. Dio charlas motivacionales en escuelas y universidades, compartiendo su historia de éxito y alentando a las mujeres a perseguir sus sueños, sin importar las dificultades que enfrenten en el camino.

Con el tiempo, Laura expandió su negocio y colaboró en proyectos de diseño de interiores en diferentes ciudades del país. Su marca de diseño se volvió reconocida por su estilo único y su enfoque en la sostenibilidad. Laura se convirtió en un referente en la industria del diseño de interiores en República Dominicana y su influencia trascendió las fronteras del país.

Hoy en día Laura Torres es una exitosa emprendedora dominicana que ha demostrado que con determinación, pasión y resiliencia es posible superar cualquier obstáculo y alcanzar el éxito en el mundo empresarial. Su historia inspira a mujeres de todas las edades a perseguir sus sueños y a nunca renunciar a sus metas, sin importar las dificultades que puedan enfrentar.

Alexandra A. Ovalles Félix

La historia de Laura Torres es un testimonio de cómo una mujer dominicana superó las adversidades y se convirtió en una emprendedora exitosa, dejando un impacto duradero en su comunidad y en la industria del diseño de interiores. Su valentía y determinación son ejemplo para todos, recordándonos que nuestros sueños son alcanzables si estamos dispuestos a trabajar arduamente por ellos.

FRASES MOTIVADORAS

*LA VIDA ES BONITA, APROVÉCHALA PARA HACER OBRAS INTERESANTES.

*NUNCA TE DES EL LUJO DE PARAR, ERES UNA MUJER DE ACERO.

*TU MEJOR PAPEL ES DARLO TODO SIN ESPERAR NADA A CAMBIO.

*APRENDE A DARTE EL PERMISO DE SER TÚ MISMA SIENDO FELIZ CADA DÍA.

*APRENDE A SER CADA DÍA LA MEJOR VERSIÓN DE TI Y DISFRÚTALA.

*RECUERDA QUE NO EXISTE NADIE COMO TÚ, ERES ÚNICA, INIGUALABLE E IRREPETIBLE.

*LAS NECESIDADES TE EMPUJAN AL APRENDIZAJE, PERO LA PASIÓN NOS MANTIENE DENTRO DE ELLAS.

*TE RECOMIENDO SOÑAR, PERO ADEMÁS HACERLO EN GRANDE.

Alexandra A. Ovalles Félix

*TRATA DE SER UN EJEMPLO QUE PERMITA LA VICTORIA DE OTROS.

*MIENTRAS MÁS TE OPRIMAN, MAYOR SERÁ TU CRECIMIENTO.

*LO MEJOR DE LA VIDA ES SABER QUE HAS PODIDO CON TODO Y QUE PODRÁS SIEMPRE.

*LA VIDA ES SENTIRSE ORGULLOSA DE QUIÉN ERES.

*EL TIEMPO ES UN RECURSO QUE TENEMOS TODOS Y QUE LO USAMOS COMO QUEREMOS.

*TE INVITO A HACER UN ANÁLISIS DE LA INVERSIÓN DE TU TIEMPO.

*TODO EMPIEZA POR LA ORGANIZACIÓN Y POR DEDICARLE TIEMPO A LO QUE HACES.

*TE VAS A CAER 20 VECES, PERO EL SECRETO ESTÁ EN QUE TE LEVANTES 21.

*¿QUIÉN TIENE LAS LLAVES DE TU EMPRESA? ¿TU EMPLEADO O TÚ?

*SER EMPRENDEDOR NO ES FÁCIL, PERO NO ES IMPOSIBLE.

*¿SABES DISTINGUIR ENTRE CUÁLES SON TUS NECESIDADES Y DESEOS?

*LA CLAVE DEL ÉXITO ES INSISTIR, PERSISTIR Y NUNCA DESISTIR.

*NUNCA TENGAS MIEDO DE RENUNCIAR A LO MEJOR, SI LO MÁS INTERESANTE ESTÁ POR LLEGAR.

*LOS PROCESOS TE DERROTAN CUANDO TÚ MISMO NO CREES EN TI.

*LA MUJER QUE PARA DE CREAR, PARA DE SOÑAR.

*SIEMPRE HAY QUE DESPERTAR CON UNA NUEVA META POR ALCANZAR.

*TU DISCIPLINA TE LLEVARÁ AL ÉXITO, TU IMPUNTUALIDAD AL FRACASO.

*EL QUE SE AMA A SÍ MISMO ESTÁ PENDIENTE DE LO PROPIO, NO DE LOS DEMÁS.

*NO EXISTE NADIE MÁS IMPORTANTE QUE TÚ, ERES LA PROTAGONISTA DE TUS SUEÑOS Y TU DESTINO.

*CUANDO TE PROPONGAS SOÑAR EN GRANDE, EL CIELO SERÁ EL LÍMITE.

*ERES LO QUE HACES Y SERÁS LO QUE CONSTRUYAS, POR ESO HAZLO CON PASIÓN.

*TU ESFUERZO POR LO QUE HACES PARA LOGRAR TUS SUEÑOS JAMÁS SERÁ EN VANO SI REALMENTE CREES EN TI.

*ACUÉSTATE CON TUS SUEÑOS Y DESPIERTA CON LA ESPERANZA DE VIVIR UN NUEVO DÍA.

*SIEMPRE CAMINA DETRÁS DE TUS METAS CON PASOS LENTOS, PERO CON PIES FIRMES.

*ABRAZA TUS SUEÑOS Y LUCHA POR ELLOS, AL FINAL SON TUS SUEÑOS.

*No DESPERDICIES NUNCA OPORTUNIDADES, POR LO REGULAR CASI NUNCA LLEGAN DOS VECES.

*SIEMPRE SERÁ UN BUEN MOMENTO PARA PONER EN PRÁCTICA TUS HABILIDADES Y CONOCIMIENTOS.

*No IMPORTA QUE UN MOMENTO TUS MANOS ESTÉN VACÍAS SI TU CORAZÓN ESTÁ LLENO DE ALEGRÍA.

*TODO LO QUE DECIDAS HACER EN ESTA VIDA HAZLO CON AMOR Y CON VALENTÍA.

*DEJAR TU MEJOR LEGADO EN ESTA VIDA TE GARANTIZA NO HABER PASADO POR ELLA EN VANO.

*NUNCA PERMITAS QUE QUIENES ESTÁN A TU LADO MINIMICEN TUS SUEÑOS.

*No PERMITAS QUE LAS PERSONAS A TU ALREDEDOR QUIERAN ROMPER TUS SUEÑOS.

*ÁMATE, LIBÉRATE, MÍMATE, ENAMÓRATE DE TI CADA DÍA.

*EL AMOR NO CONOCE BARRERAS, SOLO LAS QUE NOSOTROS MISMOS CONSTRUIMOS.

*LA CONFIANZA ES EL FUNDAMENTO DE LA CONEXIÓN EN TU EQUIPO DE TRABAJO.

*PROPÓNTELO, CONFÍA, TÚ PUEDES PORQUE ERES VALIENTE Y LO MERECES.

*ERES UNA MUJER PODEROSA. TIENES EL PODER EN LA MIRADA Y EN TODO LO QUE IRRADIAS.

*EL ÉXITO ES EL RESULTADO DE TODOS LOS GRANDES ESFUERZOS QUE HAS SUPERADO EN LA VIDA.

*EL AMOR ES MÁS VERDADERO CUANDO SE DEMUESTRA QUE CUANDO SE DICE.

*EL AMOR SE CONSTRUYE CADA DÍA.

*AMAR ES CREER EN EL OTRO, INCLUSO CUANDO ÉL O ELLA NO CREE EN SÍ MISMO.

*EL AMOR SIEMPRE NOS LLENA DE ALEGRÍA Y FELICIDAD CUANDO ES SINCERO.

*LO ÚNICO QUE NOS GARANTIZA NO FRACASAR, ES NO ASUMIR RIESGOS.

*SIEMPRE TRATA DE SACAR LO MEJOR DE TI, SIN IMPORTAR LO DIFÍCIL QUE PAREZCA.

*LOS MALOS RATOS NOS HACEN MÁS FUERTE PARA SACAR LO MEJOR DE NOSOTROS.

*CUANDO MÁS APRENDES, MÁS TE DAS CUENTA DE CUÁNTO TE FALTA POR DESCUBRIR.

*EL CONOCIMIENTO ES PARA SIEMPRE, EL APRENDIZAJE ES CONSTANTE.

Alexandra A. Ovalles Félix

*SI COMPRAS UN LIBRO Y LO GUARDAS SIN LEERLO, TE NIEGAS EL PLACER DE LA SABIDURÍA.

*ERES UNA MUJER VALIOSA Y LO SABES, NUNCA TE CONFORMES CON PEQUEÑOS LOGROS, SIEMPRE VE POR MÁS.

*DE TI, Y SOLAMENTE DE TU ARDUO ESFUERZO DEPENDERÁ EL VER LOGRAR TUS SUEÑOS.

*NO COMPARES TU CAMINO EMPRENDEDOR CON EL DE LOS DEMÁS. CADA UNO TIENE SU PROPIO TIEMPO Y SU PROPIA HISTORIA.

Querida emprendedora, recuerda que en lo más profundo de ti arde una pasión y una determinación inquebrantables. No permitas que la incertidumbre o los obstáculos apaguen esa llama interior. Abraza tu valentía y sumérgete en el mundo empresarial con confianza. Eres capaz de lograr cosas extraordinarias y dejar una marca perdurable en el mundo. Permítete soñar a lo grande y seguir avanzando, incluso cuando el camino se torne difícil. Tu espíritu emprendedor es un poderoso aliado, ¡Utilízalo para conquistar el éxito y alcanzar la grandeza que mereces!

Alexandra A. Ovalles Félix

CONCLUSIÓN

En **"Emprendimiento para Mujeres, estrategias para lograr tus sueños en corto tiempo"** hemos valorado la creatividad y la visión del emprendimiento femenino, reconocido el potencial y el talento de las mujeres en este campo, y a ellas las hemos invitado a creer en sí mismas y a atreverse a dar el paso de convertirse en líderes visionarias que contribuyan al progreso en el mundo empresarial. Por lo cual entregamos valiosas herramientas y consejos inspiradores para empoderarlas de modo que puedan crear y dirigir negocios exitosos.

A través de testimonios de mujeres emprendedoras y experiencias reales mostramos cómo la creatividad, la perseverancia y la resiliencia pueden llevar a alcanzar metas y hacer realidad los sueños de emprendimiento a pesar de los obstáculos, desafíos y estereotipos de género que quieran limitar el desarrollo empresarial femenino.

En fin, este libro resalta el emprendimiento de las mujeres como una fuerza transformadora que puede generar un impacto positivo en la sociedad, en la economía y en la equidad de género. Además, enfatiza la necesidad de fomentar la colaboración y el apoyo entre emprendedoras, creando redes de apoyo y mentorías que contribuyan al crecimiento de sus proyectos y compartiendo conocimientos para fortalecer el ecosistema emprendedor femenino.

Ahora te corresponde a ti aplicar lo aprendido, dar el primer paso en tus propios proyectos y desarrollar planes concretos para alcanzar tus metas. Mujer, confía en tus habilidades, nunca pierdas la confianza en ti misma y supera las dudas e inseguridades; tu resiliencia y capacidad para adaptarte a los cambios son fundamentales para sobrellevar los desafíos que puedan surgir en tu camino como emprendedora.

Agradezco a las lectoras por acompañarme en este interesante viaje y por su compromiso con su propio crecimiento y desarrollo. Es muy importante sentirnos capaces de emprender y volar con nuestras propias alas; asimismo, luchar por un sueño en contra de todos los obstáculos, con la seguridad de que nada podrá detenernos cuando estemos listas para lograr nuestros objetivos.

Sentirnos mujeres valientes, positivas y perseverantes nos conducirá siempre a la libertad financiera y a alcanzar el éxito en cada proyecto de emprendimiento que iniciemos en nuestras vidas.

Alexandra A. Ovalles Félix

RECOMENDACIONES

Querida lectora, al culminar este libro deseo transmitirte un mensaje lleno de inspiración y empoderamiento: el emprendimiento no es solo un camino hacia el éxito financiero, también es un viaje de autodescubrimiento, contribución al mundo que nos rodea y crecimiento personal.

Recuerda que no hay límites para lo que puedas lograr, tienes la capacidad de crear y liderar negocios exitosos, de innovar y de marcar la diferencia en lo que desees emprender. No permitas que el miedo o las deudas te impidan perseguir tus sueños y alcanzar el éxito que mereces.

A lo largo de estas páginas hemos explorado los desafíos y oportunidades que enfrentan las mujeres emprendedoras, abordado la importancia de aprovechar nuestras fortalezas únicas, de aprender de nuestros fracasos y de buscar apoyo en nuestras comunidades. Ahora, a medida que continúes tu viaje de emprendedora, recuerda que el éxito no siempre es lineal y que los obstáculos forman parte del proceso; cada desafío superado te brindará la oportunidad de fortalecerte y crecer. Los fracasos son lecciones valiosas que te guiarán hacia nuevos horizontes.

No olvides mantener una mentalidad abierta y dispuesta a aprender, ten en cuenta celebrar cada logro por pequeño que sea o parezca, busca el equilibrio entre el cuidado de ti misma y la pasión por tu trabajo, y comparte conocimientos y experiencias con otras mujeres emprendedoras.

Estoy más que convencida de que el futuro está lleno de posibilidades emocionantes para nosotras las mujeres, confía en tu poder y en tu capacidad para hacer una diferencia, y nunca dejes de perseguir tus sueños.

Con admiración y amor.

Alexandra A. Ovalles Félix.

BIOGRAFÍA

Soy Alexandra A. Ovalles Félix

De República Dominicana

Madre.

Hija.

Esposa.

Abogada en ejercicio.

Agente inmobiliaria.

Empresaria.

Autora, escritora del libro: "Emprendimiento para mujeres. Estrategias para lograr tus sueños en corto tiempo".

Alexandra A. Ovalles Félix